W0314182

ISBN 3-466-34454-9

© 2002 Klose Connection, Marketing & Service GmbH, Hamburg
(Eigenverlag: Prof. Dr. Gerd Schnack & Werner Klose)

© 2002 by Kösel-Verlag GmbH & Co., München

Die Verwertung der Texte und Bilder, auch auszugsweise,
ist ohne Zustimmung der Verlage urheberrechtswidrig und strafbar.
Dies gilt auch für Vervielfältigungen, Übersetzungen,
Mikroverfilmung und für die Verarbeitung mit elektronischen Systemen.

Konzept/Layout: Klose Connection
Textüberarbeitung: Horst Lietzberg
Fotos: siehe Seite 104
Satz & Umbruch: TAT Detlef Rögener GmbH, Bönningstedt
Scans/Reproduktionen: Artprintmedia, Alexander Koschlaga, Hamburg
Druck: Schlachter & Rühger, Hamburg

Die Ratschläge in diesem Buch sind von den Autoren erwogen
und geprüft, dennoch kann eine Garantie nicht übernommen werden.
Eine Haftung der Autoren bzw. der Verlage und seiner Beauftragten
für Personen-, Sach- und Vermögensschäden ist ausgeschlossen.

Dieses Buch wurde auf chlorfreigebleichtem
und säurefreiem Papier gedruckt.

Printed in Germany

GERD SCHNACK
KIRSTEN SCHNACK
HERMANN RAUHE

# JUNG BLEIBEN KANN MAN LERNEN

EIN BUCH,
DAS HOFFNUNG UND
GESUNDHEIT
DURCH VORBEUGUNG,
MOTIVATION UND FREUDE
VERMITTELT

Konzept:
Gerd Schnack & Werner Klose

KÖSEL
KLOSE CONNECTION

**Liebe Leserin, lieber Leser,**

stöbern Sie auch gern in Buchhandlungen? Dann ist Ihnen – wie mir – bestimmt aufgefallen, dass es ein breites, vielschichtiges Angebot an Büchern gibt, die sich mit unserer Gesundheit beschäftigen. So entsteht, oberflächlich betrachtet, der Eindruck, es sei ja eigentlich alles schon geschrieben, jedes Thema ausgeleuchtet. Doch das trifft leider nicht zu, wie dieses Buch überzeugend beweist.

Denn erstens beschränkt sich das Buch „Jung bleiben kann man lernen" auf das Wesentliche, auf die Krankheiten unserer Zeit (siehe innere Umschlagseite).

Zweitens ist das Buch einfach und verständlich geschrieben und so bebildert, dass es jeder versteht. Übungen und Anleitungen sind spielend leicht nachzuvollziehen.

Und drittens liegt jedem Buch eine ganz neue „Premium"-Musikproduktion bei, die Spaß und Freude nicht zu kurz kommen lässt. Diese hochaktuelle CD gibt es nur in der Kombination mit diesem Buch. Eine Produktion, die auf der ganzen Welt einmalig ist. Zumal sie in zwei musikalische Welten führt: Und zwar als flotte, mitreißende und geschmackvolle Antriebsmusik, die jeder Disco alle Ehre machen würde. Und überdies als Entspannungsmusik auf höchstem Niveau. Von Meisterhand geschaffen und in den Arrangements nicht zu übertreffen.

Das Wichtigste indes: Buch und CD sind ehrlich. Sie versprechen weder das „ewige Leben", noch die „ewige Jugend" – also keine Wunder. Dafür garantieren sie nach bereits kurzer Anwendung (Training) mutmachende Erfolge. Erfolge, wie Sie ohne große Anstrengung 20 Jahre und mehr jünger bleiben und sich wohlfühlen können.

Lesen Sie und hören Sie, machen Sie mit! Damit Sie nach der Lektüre unseres Buches mit CD bestätigen können:
„Jung bleiben kann man lernen".

WERNER KLOSE · HERAUSGEBER

# Inhalt: Auf 100 Seiten – Tipps zum …

# VORWORT

*Wellness (sich wohlfühlen) bedeutet, dass unsere Gesundheitsvorsorge in erster Linie etwas mit Entspannung, Freude, Musik und Bewegung zu tun hat.*

**Auf diesem Wege möchten wir Sie in diesem Buch begleiten.**

Im Grunde unseres Herzens wissen wir, dass Fitness und Gesundheit keine Dauergeschenke sind. Morgen kann alles vorbei sein ... das wollen wir verhindern. Aber nicht durch hartes Training, Verzicht, Änderung von guten Gewohnheiten, Hunger, Durst und Kälte.

**Gesundheit ist für uns Menschen das höchste Gut!**

Dazu sollten die folgenden Voraussetzungen vorliegen:

Freude beim Training, das jeder seiner ganz persönlichen Begabung anpasst.

Erfolgreiche Trainingsformen, die spürbar Leistung und Gesundheit verbessern und ein zufriedenes Gefühl auslösen.

Zeitsparende Programme und Leistungsverbesserungen durch Training im Vorübergehen.

Leicht verfügbare Trainingsprogramme, die während der Arbeit, zu Hause, auf Reisen – praktisch rund um die Uhr – umgesetzt werden können.

*Bewegung* ist die ureigenste Ausdrucksform des Menschen. Ohne sie sind persönliche Freiheit und Unabhängigkeit nicht denkbar. Wir brauchen sie, um unser Interesse an unbekannten und schönen Dingen bis ins hohe Alter ausleben zu können.

*Aktiv sein* in Verbindung mit Beweglichkeit ist aber kein Geschenk der Natur. Beide körperlichen Eigenschaften müssen sorgfältig gepflegt werden.

*Fitness und Gesundheit* liegen in unserer Eigenverantwortung, unserer täglichen Obhut und Pflege.

**Gesundheitstraining soll Spaß und Freude bringen.**

Wir wissen alle: Einem, der kerngesund ist, kann man Gesundheit nicht „verkaufen“. Und es nützt auch nichts, den Zeigefinger zu erheben, Verbote auszusprechen – bezüglich Essen, Trinken, Rauchen. Ebenso wenig ist es sinnvoll, Gesundheit und Leistungsfähigkeit nur mit Entsagung, Training, Fleiß, Schweiß und strengen Diäten in Verbindung zu bringen.

## Vorbeugung durch Motivation ist angesagt!

Jeder von uns kann mal lustlos sein und den Wunsch haben, alle Viere von sich zu strecken, sich gehen zu lassen. Leben in seiner blühenden Form ist mit einer Achterbahnfahrt zu vergleichen: Rauf und runter!

*Aber: Nach der dunklen Nacht folgt der helle Tag. Auf Traurigkeit kommt die Freude. Anspannung ist auf Entspannung angewiesen. Auch unser Herz pendelt ständig zwischen Systole (Anspannung) und Diastole (Entspannung) hin und her. Nur durch dieses Prinzip ist die Dynamik menschlichen Lebens überhaupt vorstellbar.*

Tagtäglich strahlende Sonne vom blauen Himmel. Paradies oder Wüste? Macht nicht erst der Wechsel von Frühling, Sommer, Herbst und Winter das Leben so lebenswert?

Positives Denken, heitere Stimmung, Fitness und Leistungsfähigkeit sind eben nur die eine Seite der Medaille – und in diesem Buch möchten wir Ihnen Mut machen, dass auch eine Depression auf Bewegung positiv anspricht, dass auch ein verschlissenes Gelenk (Arthrose) in eine optimal gesteuerte Bewegungsform gebracht werden kann, wenn wir lernen, die richtige Bewegungsart zu finden.

## Auch Hoffnung kann man lernen – Prävention ist die Medizin der Hoffnung

Die antriebsfördernde Kraft der Vorbeugung ist die Hoffnung. Hoffnung auf ein erfülltes Leben, in dem wir aktiv, beweglich und einfallsreich sein können. Hoffnungslosigkeit ist der Wegbereiter alles Negativen. Jeder von uns hat im Laufe seines Lebens Schicksalsschläge ertragen müssen. Um sie zu bewältigen, sollte nicht nach dem „Warum“, sondern nach dem „Wozu“ gefragt werden.

*Protestiere nicht gegen Stress, den Du nicht verhindern kannst. Akzeptiere ihn zunächst. Schalte aber danach alle verfügbaren Register auf Überwindung und Bewältigung!*

Es gibt kein Leben in absoluter Gesundheit. Doch in einem partnerschaftlichen Gespräch zwischen Arzt und Patient sollte es gelingen, Hoffnung und Zuversicht zu vermitteln, ohne aktuelle gesundheitliche Risiken unter den Teppich zu kehren.

*Mit diesem Buch möchten wir Ihnen Mut und Hoffnung geben, dass trotz Arthrose oder Bluthochdruck, trotz ungeklärter anderer gesundheitlicher Probleme die Zukunft durchaus positiv gestaltet werden kann. Und dass bis ins hohe Alter ein spezieller körperlicher Wachstumsprozess aufrecht erhalten werden kann.*

# Hoffnung ist Lebenskraft
## Vorbeugung ist die Medizin der Hoffnung

### Dabei sind drei Ansatzpunkte von Bedeutung

1. Welches Ziel verfolgen wir in unserem Leben? Ziel der Vorbeugung ist Gesundheit, Leistungsfähigkeit, Beweglichkeit und schöpferisch sein.

2. Wie ist der Weg zu diesem Ziel? Entnehmen Sie die Antwort aus den Abschnitten: Elastizitätstraining, Kraftverbesserung, Ausdauertraining, Meditation und Ernährung.

3. Motivieren können wir Sie durch Musik und Bewegung sowie durch ein Training im Vorübergehen, denn Zeit wird immer kostbarer. Aber auch durch Aktivitäten, die Ihnen regelrecht auf den Leib geschrieben sind und somit Ihre Interessen, Begabungen, aber auch Ihre bereits bestehenden gesundheitlichen Probleme berücksichtigen.

Hoffnungsträger sind Optmisten. Sie gehen jedoch konkreter zu Werke, bauen keine Luftschlösser und beschäftigen sich mit der Art und Weise der Vorbeugung. Gesundheit durch Vorbeugung ist somit nicht nur eine Frage der Vernunft, sondern vielmehr eine hoffnungsvolle Wegbereitung des Lebens. Gesundheitliche Lebensziele erreichen somit nicht die Klugen, die Begabten und die Reichen, sondern die sogenannten Hoffnungsträger.

### Gesundheitsziele der Vorbeugung erreichen die Hoffnungsvollen

*Hoffnung ist unser entscheidendes Lebenselixier!*

Hoffnungsvolle Menschen sind meist zufrieden und auch glücklich. Sie verfolgen ihre Ziele nicht egoistisch und denken in ihrem täglichen Handeln auch an andere. Ein hoffnungsvolles Lächeln als verbindende Botschaft zum Nachbarn hat auch eine positive Rückwirkung für das eigene Herz. Dagegen nehmen Angst, Ärger und Wut unser Herz regelrecht in die Zange.

### Nicht nur Jubel, Trubel, Heiterkeit

Ewig jung, gesund und frisch sein – gibt es nicht. Immer nur positiv denken gibt es auch nicht. Das ist ebenso unmenschlich, wie die vorherrschende Auffassung über Bodystyling, die das Glück des Menschen ausschließlich am Umfang von Herzgröße und Bizeps misst.

Aber auch immer nur Lust, Glück und gute Laune sind unrealistisch – in einer Welt, in der extremer Wohlstand in direkter Nachbarschaft zu bitterer Armut steht. Unsere „Spaßgesellschaft" ist auf Mitgefühl, Mitleid und Solidarität angewiesen, will sie nicht den Blick für den Nächsten verlieren.

### Absicht dieses Buches

ist es nicht, ein allumfassendes Bodystyling zur Richtschnur zu erheben. Und auch nicht das jugendliche Gesicht zum ewigen Schönheitsideal. Oder das Leben mit Jahren zu füllen, statt die Jahre mit Leben, Aktivität und Kreativität.

### Ziel dieses Buches

*ist vielmehr, eine neue Form der Körperkultur zu finden. Einen allumfassenden körperlichen Wachstumsprozess, der bis ins hohe Alter in Eigenverantwortung gelebt und positiv erfahren werden kann. Mit uneingeschränkter Wirkung für Leistung, Gesundheit, Stimmung und Lebensgefühl.*

In allen Lebensabschnitten gibt es viele ungenutzte Reserven, die zu neuer Blüte gebracht werden können.

### Glück im Leben

*findet in der Regel nicht derjenige, der sich nur noch seines gesunden Körpers und Geistes und der damit verbundenen Leistungssteigerung erfreut.*

*Glück im Leben findet in der Regel derjenige, der von seiner Begabung und seinem Wohlstand abgeben kann.*

### Denn das Glück, das wir anderen geben, kehrt ins eigene Herz zurück!

Jeder Musiker, jeder Künstler lebt vom Beifall, von der Anerkennung seiner Leistungen. Er weiß aber auch um den Fleiß, um die einsamen Stunden des Übens zu Hause. Sie sind die Grundvoraussetzung für den Erfolg. Ohne Üben kein Applaus!

*Mut zur Meditation ist angesagt, eine spezielle Form des „inneren Stretchings", das ungeahnte Leistungsreserven in uns wecken und in der Kombination mit Ausdauertraining einen regelrechten Leistungsschub zum Wohle unserer Gesundheit auslösen kann.*

Der Mensch ist ein Gemeinschaftswesen, wir brauchen einander. Solidarität – Zusammenhalten und

Miteinander in der Gesellschaft – ist das Schlagwort unserer Zeit. Sie hat nicht nur Rückwirkungen auf das Gemeinleben, sondern ist auch förderlich für jeden Einzelnen – weil sie bis ins eigene Herz zurückwirkt.

*Ausgewogenes Geben und Nehmen ist förderlicher als nur zu nehmen. Menschen, die einen Sinn für Mitmenschen haben, sind nicht nur allgemein beliebter, sondern tun auch etwas für ihre eigene Gesundheit. Weil sie so ganz nebenbei Stress abbauen und Herz sowie Kreislauf gesund halten.*

*So gesehen ist ein ausgewogenes Miteinander bei Musik, Bewegung und Meditation der Weg in eine neue Medizin, in eine Medizin der Hoffnung, die ein wesentlicher Baustein für die Gesundheitsförderung und die Prävention von Erkrankungen darstellt.*

PACKEN WIR'S AN!

*Purzelbäume schlagen ist nicht nur ein Previleg der Jungen! Auch im fortgeschrittenen Alter gibt es so manche Gelegenheit für Kapriolen und für Hoffnung auf eine bessere Zukunft.*

# Die 7 Fitmacher
## Elastizität in allen Lebenslagen

### Urkräfte des Lebens

Wir sehen es täglich – überall. Die Menschen essen nicht nur zu viel, sie bewegen sich auch zu wenig. Doch Leben ist Bewegung, Bewegung ist Leben. Und zum gesunden Leben gehört die rhythmische Aktivität. Sie besteht aus Schwung und Gegenschwung, gleich einer Welle, die permanent zwischen Hoch und Tief, zwischen Wellenberg und Wellental variiert, sie gehört zu den Urkräften des Lebens.

*Jede kraftvolle Bewegung lebt vom Gegenschwung.*

### Kraft durch Gegenschwung

Um in unserer hektischen Zeit zu bestehen, brauchen wir viel Kraft. Wir können sie aus der Stille und aus der Meditation schöpfen, wenn Stress, Hektik und Lärm uns umgeben. Ebenso brauchen wir bei all unseren alltäglichen einseitigen Bedienungsarbeiten (Maschine, Auto, PC) immer wieder die kraftschöpfenden Gegenbewegungen, die einem typischen Ausholvorgang entsprechen und praktisch einer Stretchingposition gleichzusetzen sind. Jede kraftvolle Aktivität lebt von diesem Gegenschwung. Über die Ausholbewegung erhält der Muskel vor dem eigentlichen Arbeitseinsatz die notwendige Energie. Wird jedoch im täglichen Einerlei die kraftspendende Ausholbewegung vernichtet, so müssen wir sie willentlich über einen gezielten Stretchingausgleich ersetzen.

*Im Industriezeitalter wurden ausgleichende Gegenbewegungen vernichtet, sie können jedoch durch Stretching nachgeholt werden.*

### Roboter?

Schuld an der Misere einseitiger Gelenkbelastungen ist die grundlegende Technisierung. Denken wir nur an den ersten amerikanischen

Weltraumtouristen und seinen Ausflug ins All. Arme und Beine haben ihre freie Beweglichkeit eingebüßt. Unsere Hände gleichen verlängerten Hebeln an Motor, Instrument und Computer.

*Besonders Arme und Hände sind inzwischen ein Teil des Computers geworden.*

## Wo bleibt die Elastizität?

Der Mensch wird zur Maschine. Die Beugemuskeln seines Körpers werden einseitig überbelastet – unter gleichzeitiger Vernachlässigung der gegenüberliegenden Gegenspieler auf der Streckseite (sogenannte Antagonisten). Eine harmonische Bewegungsfolge der Gelenke kann nicht mehr ermöglicht werden. Wir haben also einen hohen Preis für die allgemeine Technisierung zu zahlen. Nämlich den Bewegungsverlust der Gelenke! Dazu kommen Zeitmangel und Stress. Das Rauschen der Bäche und Wälder ist in den Hintergrund getreten. Es dominiert der Lärm von Motoren und Düsenaggregaten. Somit stehen alle Beugemuskeln des Menschen unter Dauerstress und ständiger Anspannung. Sie bekommen zu wenig Sauerstoff. Eine Katastrophe für unser Bewegungssystem.

## Der Ausweg – die 7 Fitmacher

Es gibt ihn: Stretching. Aber anders als üblich. Und das ist ein Geheimnis dieses Buches. Der Weg in die neue individuelle Bewegungsfreiheit ist leicht, braucht wenig Zeit, keinen Schweiß, keine Sportausrüstung – und wirkt doch schnell und direkt. Dieses Stretching ist tatsächlich das reinste Vergnügen. Es führt im Handumdrehen zu Flexibilität, Geschmeidigkeit, Kraft und Energie zurück. Denn pro Muskel- und Gelenkeinheit sind nur sieben Sekunden Dehnungszeit erforderlich.

## 7 Übungen – und keine tut weh

Sie sind eine Wohltat für alle Gelenke, selbst bei maximaler Verspannung. Dabei spielt es keine Rolle, wo man sich gerade aufhält – am Computer, Lenkrad, Klavier oder Haushalt. Die energiefördernden Ausholbewegungen (Stretching) sind überall möglich. Und wird durch eine solche Ausholbewegung die aktive Muskulatur auf 120 % über ihre Ruhelänge erweitert (was typisch ist bei Stretchingpositionen), so steigt ihre maximale statische Kraft auf 140 % an.

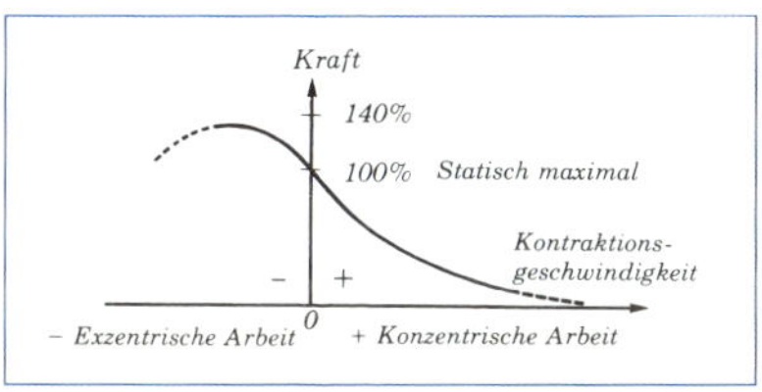


*Wie beim Stretching entfernen sich Muskelansatz und -ursprung voneinander bei sog. exzentrischer Arbeit und ermöglichen einen 140 %igen Kraftzuwachs. Modernes Leben wird von konzentrischer Arbeit beherrscht.*

## Bessere Beweglichkeit durch Dehnung

Wer sich Leistung und Gesundheit speziell im Bewegungssystem erhalten will, kann auf diese kraftspendenden Aushol- und Stretchingbewegungen nicht verzichten. Bereits 1981 konnte Jan Ekstrand in einer schwedischen Sportstudie nachweisen, dass durch Dehnung eine Bewegungsverbesserung von fünf bis 12 % erreicht werden kann und dass diese Dehnungswirkung etwa 90 Minuten anhält. Untersuchungsreihen in anderen Ländern bestätigen dies.

## Wer rastet, der rostet

Elastizität, die bei Arbeit und Sport verbraucht wird, bekommt man nicht zum Nulltarif zurück. Nur über Intensivstretching ist es möglich, der langsamen Versteifung zu entgehen. Keine Angst, intensiv steht für die gezielte und häufige Anwendung unterschiedlicher Stretchingpositionen. Bewegungsverlust und Bewegungsstarre in fortgeschrittenem Alter bei einseitiger Tätigkeit sind also kein unausweichliches Naturgesetz. Die logische Konsequenz: Nicht nur eine einmalige Ausgleichsdehnung pro Tag, sondern häufiges Dehnen bei intensiver Beugebelastung während der Arbeit, auf Reisen, im Haushalt und beim Sport.

*Stretching als Training im Vorübergehen ist wirksam und spart Zeit.*

### Wohltat im Zwei-Stunden-Rhythmus

Nach der schwedischen Sportstudie genügt eine Dehnungszeit von 6 bis 8 Sekunden pro Gelenkeinheit, um Stress-Spannungen wirksam zu beseitigen, so dass erneut Sauerstoff und Energie nachfließen können. Insbesondere werden die kleinen Kraftwerke in der Muskulatur (Mitochondrien) wiederholt mit Brennstoffen versorgt weil auf natürliche Art das Bewegungssystem wieder zum Laufen gebracht wird.

---

7

### Die Zahl der Harmonie

*Die Dehnungszeit beim passiven Stretching beträgt 7 Sekunden.*

*Beim dynamischen Krafttraining genügen 7 Wiederholungen, wobei die Übungssätze drei- bis fünfmal wiederholt werden können.*

*Beim isometrischen Krafttraining (Spannungsaufbau gegen Widerstand ohne Bewegung) genügen 7 Sek. pro Muskelgelenkeinheit.*

---

### Stretching – aber wie?

Immer langsam voran. Jede Dehnungsposition wird behutsam in Zeitlupe eingenommen. Warum? Schleuderbewegungen reizen die im Muskel liegenden Nervenspindeln. Es kommt zu einer Kontraktion, die der Ausholbewegung entgegen gerichtet ist. Darum auch die hohe Verletzungshäufigkeit früherer Schleudergymnastiken (Ling Gymnastik).
Durch Druck von außen (Wand, Partner) wird die Stretchingposition leicht verstärkt, ohne jedoch die Schmerzgrenze zu erreichen. Wer dann über 7 Sekunden noch tief ausatmet, kann eine zusätzliche Entspannung auslösen.

### Was gibt uns Stretching?

Stretching gibt uns die Flexibilität und die Vielseitigkeit des Bewegungsapparates zurück. Stretching schützt aber auch vor Verletzungen und Erkrankungen der Muskeln, Sehnen und Gelenke. Und es bringt uns Kraft und Energie in die Muskulatur – und das um 19%, wie eine Studie des South Core YMCA in Massachusetts beweist. Ein gestresster Muskel kann nur über Einfluss von außen in Form eines gezielten Elastizitätstrainings (Stretching) zu alter Stärke zurückfinden.

### Vorbild Fernost

Als junger Facharzt auf dem Hospitalschiff „Helgoland“ stellte ich fest, dass die Ursache für die hohe Leistungsfähigkeit der beugeseitigen Unterschenkelmuskulatur in Vietnam in zwei Verhaltensnormen lag:

- Im täglichen Gehen in flachen Sandalen – und nicht, wie bei uns, mit unterschiedlich hohen Absätzen, die über die chronische Spitzfußposition eine Wadenmuskelverkürzung provoziert.

- In der permanenten sogenannten „Saigonhocke", die ein Elastizitätstraining darstellt. weil dadurch so ganz nebenbei die untere Rückenmuskulatur, die Waden und Achillessehnen gedehnt werden.

*Die Saigonhocke als tiefe Entspannungsposition mit optimaler Dehnung des Rückens und der Achillessehnen.*

## Recken und Strecken ersetzen Schlaf

„Einmal gereckt oder gestreckt ersetzt eine Stunde Schlaf", sagte man früher. Und das gilt auch noch heute. Leider ist dieses wohlige Strecken praktisch aus dem Alltag verschwunden. Geblieben ist uns nur noch das Gähnen – als Stetching in Urform. Allerdings wird selbst dadurch die Sauerstoffversorgung von Kopf und Gehirn verbessert, wie neue Untersuchungen ausweisen.

*Recken und Strecken als Stretchingersatz.*

## Machen wir's Hunden und Katzen nach

Tiere wissen nämlich, was gut ist. Sie genießen es, sich zu recken und zu strecken. Bei Hunden beispielsweise kann man beobachten, dass sie im Zweistunden-Rhythmus ihre Vorder- und Hinter-

*Hunde und andere Tiere dehnen regelmäßig ihre beanspruchte Muskulatur.*

läufe dehnen, wobei sie mit ihren 6 bis 8 Sekunden Dehnungszeit praktisch die Aussage der schwedischen Sportstudie belegen. Ganz ähnlich ist bei Katzen der sogenannte „Katzenbuckel" einzustufen. Oder denken wir an die Löwen in der Serengeti oder an die Tiger in Indien.

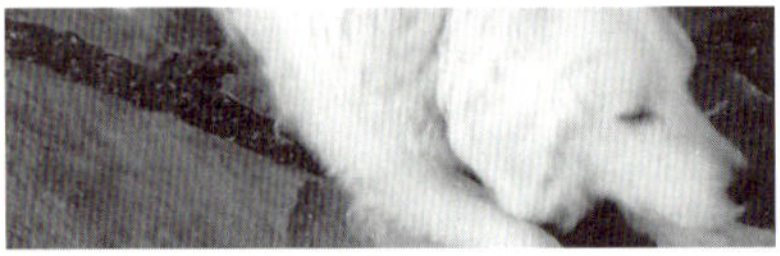

### Fazit

Stretching ist keine Mühe, kein Zwang. Stretching, wie in diesem Buch beschrieben, ist die reinste Freude. Würden es sonst unsere Haus- und sonstigen Tiere von sich aus praktizieren? Wenn aber sie es brauchen, um wieviel notwendiger haben dann die Menschen diesen Ausgleich, deren Arme und Hände an Computern und Maschinen verkommen?

### Vom Laufen zum Sitzen

Ohne permanentes Elastizitätstraining verformt sich der Mensch. Neben der langsamen Verkrümmung der Wirbelsäule verlieren praktisch alle Gelenke entscheidend an Beweglichkeit. Unser Gangbild wird immer kurzschrittiger und unsicherer. Warum?

- Weil sich immer mehr Menschen von Laufwesen in Sitzwesen verwandeln.
- Weil aus Läuferherzen mit einer Größe von 1.000 bis 1.400 ccm leistungsschwache kleine Büroherzen mit lediglich 600 bis 700 ccm werden.
- Weil zu hohe und falsch platzierte Absatzschuhe aus einem Roll- einen gehbehinderten Spitzfußläufer machen.
- Weil Arme und Beine durch einseitige Bewegungen nur noch als verlängerte Hebel von Maschinen missbraucht werden.

# Die 7 Fitmacher
## Entspannungsübungen in jeweils 7 Sekunden

### Storchenbein

Es entspannt die durch langes Sitzen verkürzte Hüft- und Beugemuskulatur. Es wirkt gegen Rückenschmerzen und die schädliche Hohlkreuzposition. Außerdem entspannt es die Laufmuskulatur an der Beugeseite des Hüftgelenks und den mittleren Oberschenkelstrecker am Oberschenkel und wirkt regulierend auf die Kniescheibe (siehe Seite 22).

### Giraffenhals

Er wirkt gegen Nacken- und Kopfschmerzen. Denn bei langer Arbeit im Sitzen tritt regelmäßig eine Nackenverspannung auf (siehe Seite 22).

### Katzenbuckel

Mit ihm lassen sich Rückenschmerzen vertreiben, die bei langem Sitzen und bei körperlichen Halte- und Hebearbeiten entstehen (siehe Seite 23).

### Känguruhspagat

Er wirkt gegen Verspannungen der rückwärtigen Oberschenkelmuskulatur, sog. Kniebeuger. Diese Dehnungsposition ist ebenso wie das Storchenbein, schrittverlängernd (siehe Seite 23).

### Pferdsprung

Eine gute Position gegen Wadenkrämpfe, Wadenmuskelzerrungen, Wadenmuskelriss, gegen Achillesbeschwerden, Fersenbeinsporn, gegen das gefürchtete Tarsaltunnelsyndrom, bei dem ein Nerv unter Druck gerät und gegen die Krallenzehenstellungen. (siehe Seite 24).

### Robbenflosse

Sie wirkt gegen das gefürchtete Karpaltunnelsyndrom, bei dem ein Handnerv unter Druck gerät als Folge des wiederholten Faustschlusses. Gegen schnellende Finger und Dupuytrensche Kontraktur, eine Knotenbildung der Hohlhand, die die Fingerstreckung behindert. (siehe Seite 24).

### Bärentatze

Eine gute Ausgleichsübung gegen Sehnenscheidenentzündung, Tennisellenbogen und gegen die Verkürzung des wichtigen Ausdrehmuskels (Supinator) am Ellenbogengelenk (siehe Seite 25).

---

*Die 7 Fitmacher sind Stretching mit hohem Memoryeffekt, denn Bildbotschaften bleiben besser in Erinnerung.*

---

## Storchenbein

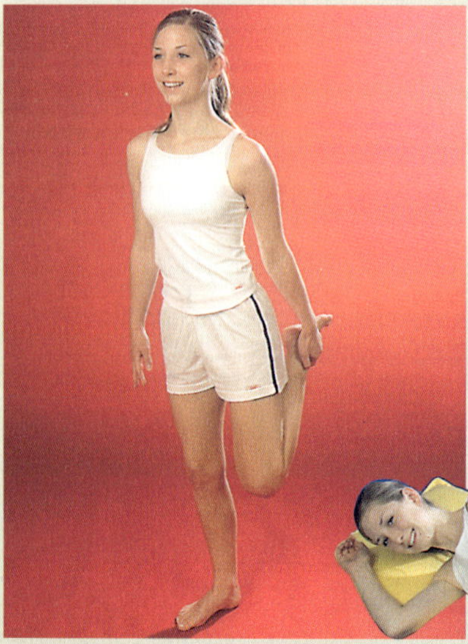

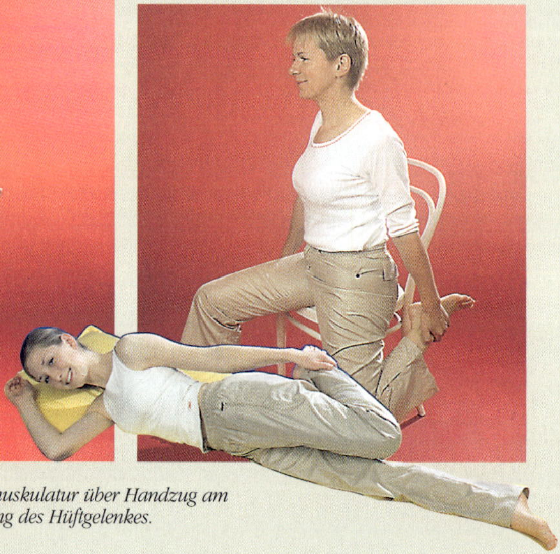

*Gezielte Dehnung der Hüft-Beugemuskulatur über Handzug am Fußrücken mit maximaler Streckung des Hüftgelenkes.*

## Giraffenhals

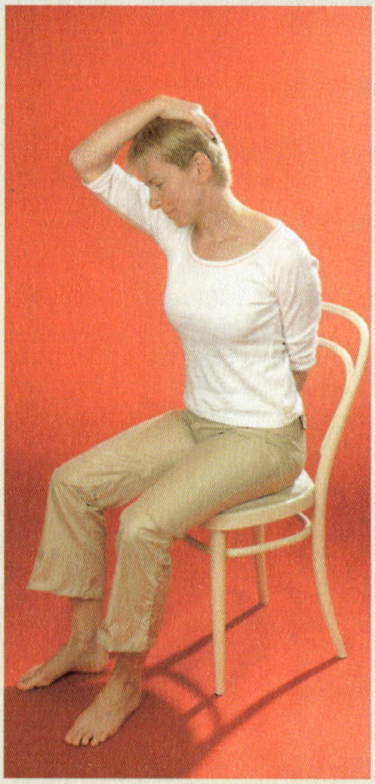

*Dehnung der linksseitigen hinteren Nackenmuskulatur durch Kopfbeugung nach rechts vorne. Absenkung der linken Schulter durch Zug am linken Arm.*

*Dehnungsverstärkung im Sitzen durch Handzug vom Hinterkopf mit der rechten Hand.*

## Katzenbuckel

*Dehnung der Rückenmuskulatur im Sitzen und Liegen durch maximale Hüftbeugung. Im Sitzen Dehnung der Schulterbeugemuskeln durch Anheben der verschränkten Hände hinter dem Rücken.*

## Känguruhspagat

*Dehnung der Kniebeugemuskulatur vor dem Stuhl und liegend am Türrahmen.*

*Maximale Kniestreckung des vorderen Beines, die Zehen werden extrem zum Körper gezogen.*

## Pferdsprung

*Dehnung der Fußsohle und der Zehen durch Absenken des hinteren Knies zum Boden, Dehnungsverstärkung durch Absitzen auf der hinteren Ferse.*

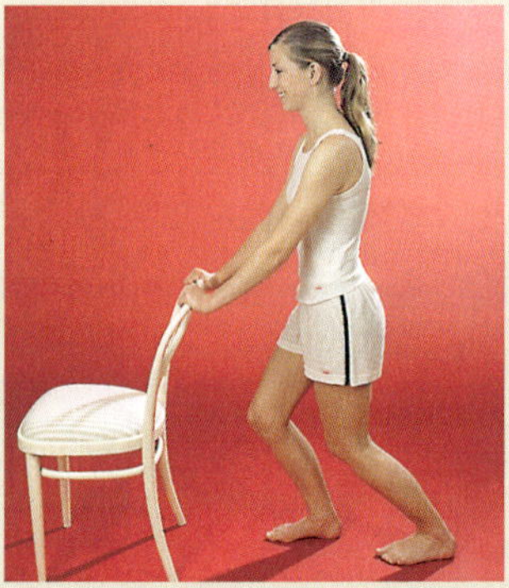

*Zur Dehnung der Wadenmuskulatur ist das hintere Bein im Knie gestreckt, die Ferse fest am Boden und das Becken wird nach vorne verlagert. Dehnung der Achillessehne durch 30-Grad-Beugung im hinteren Kniegelenk.*

## Robbenflosse

*Dehnung einzelner Fingerpaare durch Druck von der Gegenhand.*

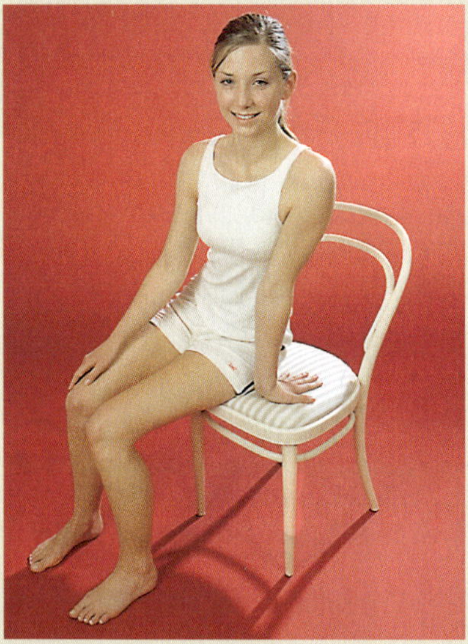

*Dehnung der Fingerbeuger durch Abstützen der linken Hand auf einer möglichst harten Sitzfläche, die Finger zeigen nach hinten. Dehnungsverstärkung durch Zurücknehmen der linken Schulter.*

## Bärentatze

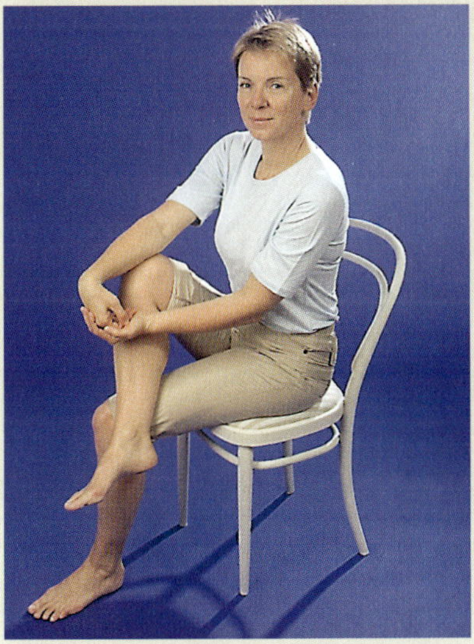

*Dehnung der rechten Unterarmstreckmuskulatur durch maximale Beugung der rechten Hand und der Finger über Gegenzug von links.*

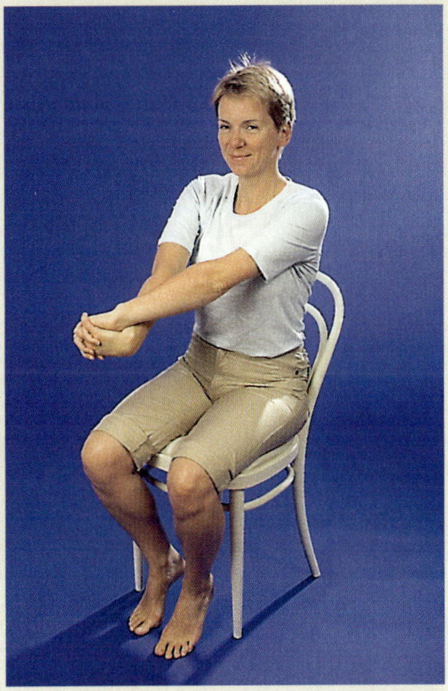

*Dehnungsverstärkung durch maximale Auswärtsdrehung der Hand und Finger über den Zug von der linken Hand, wobei die Finger ineinander greifen.*

*Aus den vorstehenden 7 Übungen ergibt sich, dass dieses passive Stretching ganz einfach sein kann, quasi im Vorübergehen. Und doch wirksam!*

*Neben dem Passivstretching gibt es ebenso eine aktive Form. Gezielte Verstärkung vernachlässigter Muskeln, die in der Regel an der Gegenseite (Antagonisten) liegen und bei ihrer Verstärkung zwangsläufig einseitig gestresste Muskeln dehnen können.*

# Aufbautraining
## vernachlässigter Muskelgruppen

### Hackengang

Um der Stress-Spannung der Waden und Achillessehnen beim modernen Spitzfußgang auf Absatzschuhen entgegen zu wirken, ist der Hackengang als Antagonistentraining der Füße eine gute Übung.

*Stärkung der vernachlässigten vorderen Schienbeinmuskulatur durch den Hackengang, der ganz nebenbei geübt werden kann.*

### Brustbeinbelastung

Sie ist die Folge einseitiger Bedienungstätigkeiten an Geräten und Maschinen. Vorbeugend dagegen: Der typische Gang der Dichter und Denker mit verschränkten Armen auf dem Rücken – als tägliches Antagonistentraining für die Schultergelenke. Es kann noch verstärkt werden, indem die Schulterblattmuskeln aktiviert werden.

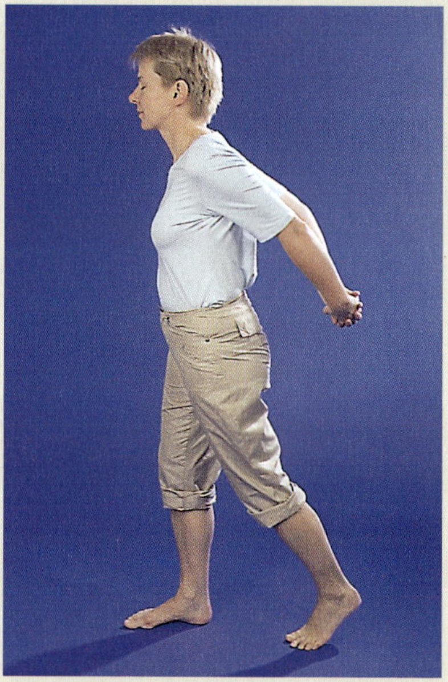

*Ausgleichsdehnung gegen die krumme Sitz- und Gehhaltung durch Aktivstretching der verschränkten Arme hinter dem Rücken beim Gehen und Stehen.*

## Faustpower

Der Faustschluss beim Halten, Greifen und Nehmen ist die wohl häufigste Tätigkeit des Menschen. Die Faust steht nicht nur für Kraft und Stärke, sie symbolisiert ebenso Macht und Überlegenheit. Das Gegenteil ist die abgebende, heilende und segnende Hand. Die gestreckten Finger stellen praktisch eine Stretchingposition dar.

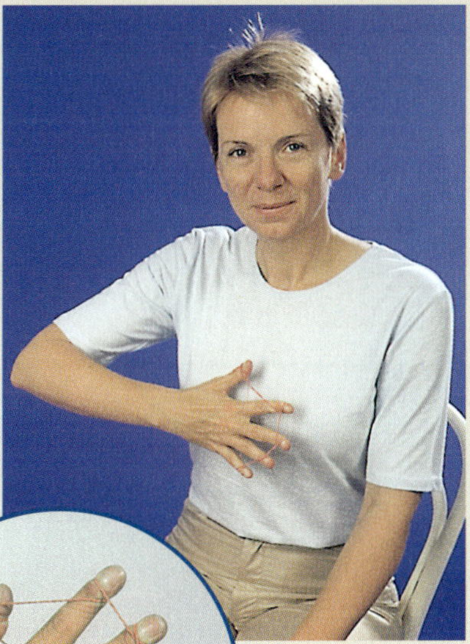

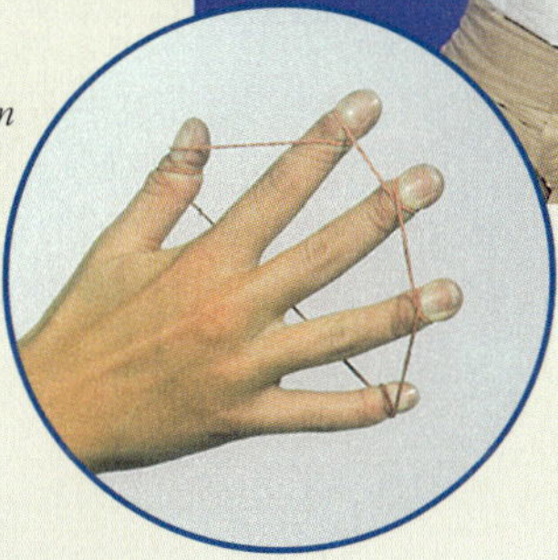

*Ausgleichstraining der vernachlässigten Fingerstrecker durch Fingerspreitzung gegen den Gummiwiderstand, wobei um jeden Finger eine zirkuläre Schlinge gelegt wurde.*

*Typische Powerposition mit einseitiger Überbelastung aller Finger- und Armbeuger.*

*An dieser Stelle empfehlen wir Ihnen eine Entspannungsposition die wir auch noch als Kind beherrscht haben. Alle Naturvölker praktizieren kraftspendende Ausgleichsübungen, und besonders die tiefe Entspannungshocke ist nicht nur im fernen Osten, sondern ebenso in Afrika und Südamerika gegenwärtig.*

*Ideale Entspannungsposition der Vietnamesin mit Gegenüberstellung der europäischen Krampfhocke, bei der instabil auf den Vorfüßen balanciert wird und gleichzeitig beide Kniegelenke meniskusbelastend nach außen gedreht sind.*

## Saigon- oder Entspannungshocke

Sie entkrampft und entspannt. Weil der Körper in dieser Stellung den Problemen der heutigen Zeit gegenüber die geringste Angriffsfläche bietet. Kinder spielen ganz unbewusst in dieser Hocke – bei festem Bodenkontakt beider Füße. Leider verliert sich diese Idealposition meist dann, wenn sie zur Schule kommen. Weil:

- Die Vorbildfunktion der Eltern fehlt, die diese Entspannungshocke längst verlernt haben,
- Frühes Tragen von Absatzschuhen eine chronische Spitzfußstellung erzwingt – mit gleichzeitiger Schrumpfung der Waden, Achillessehnen, Fußsohlen und Zehen.

Übrigens, die Entspannungshocke ist ein Leistungstest für die untere Rückenmuskulatur und für die Wadenmuskeln. Ein Marathonläufer, der diese Hocke nicht kann, lebt gefährlich.

## Auch für Europäer...

...ist die entspannende Saigonhocke erlernbar. Durch folgende Dehnungspositionen:

- Dehnung der Wadenmuskeln und Achillessehnen (siehe Pferdsprungposition auf Seite 24)
- Wiederholter Hackengang (siehe Seite 26)
- Eine fettarme Ernährung und wiederholtes Ausdauertraining, weil das Bäuchlein in der tiefen Hocke stört.

## Saigonhocke in unterschiedlicher Position

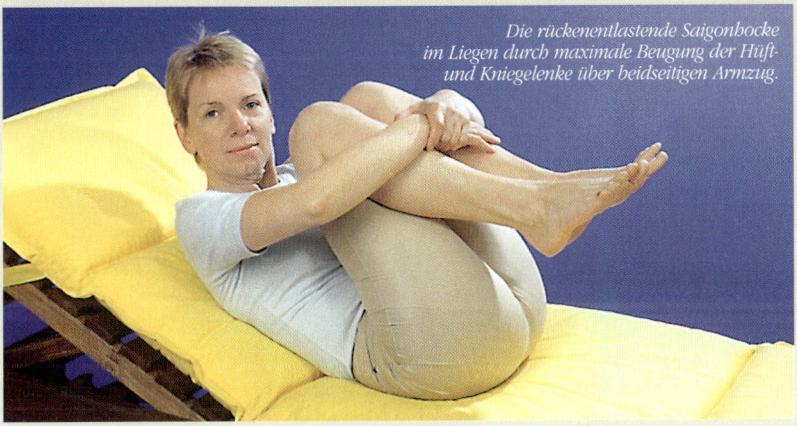

*Die rückenentlastende Saigonhocke im Liegen durch maximale Beugung der Hüft- und Kniegelenke über beidseitigen Armzug.*

Am Morgen im Bett 7 Sekunden beide Kniegelenke mit den Unterarmen anziehen.

Bei akuten Rückenschmerzen 30 Minuten Stufenlagerung (mit Hocker) im Bett.

*Akute Rückenschmerzen können durch Eigentherapie behandelt werden, wenn die angedeutete Saigonhocke über 30 Minuten in der Stufenlagerung imitiert wird.*

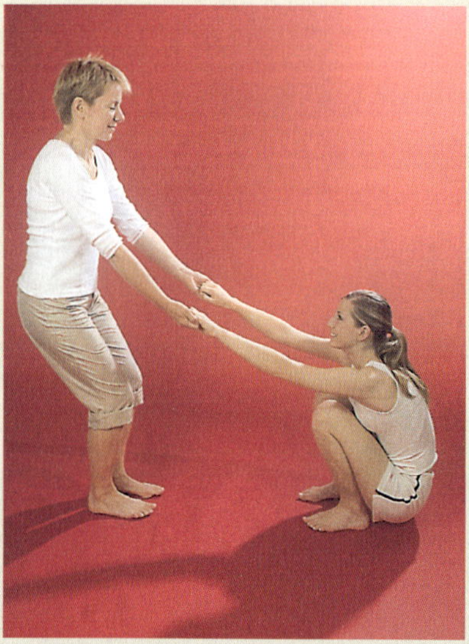

*Zum Erlernen der Saigonhocke kann der Handzug eines Partners oder die Griffe einer geöffneten Tür hilfreich sein.*

- Tiefe Entspannungshocke handgestützt vor der geöffneten Tür, oder gehalten von einem Partner, Fersen fest am Boden und Rücken sowie Becken tief aushängen. Dann mehrmals die Waden anspannen.

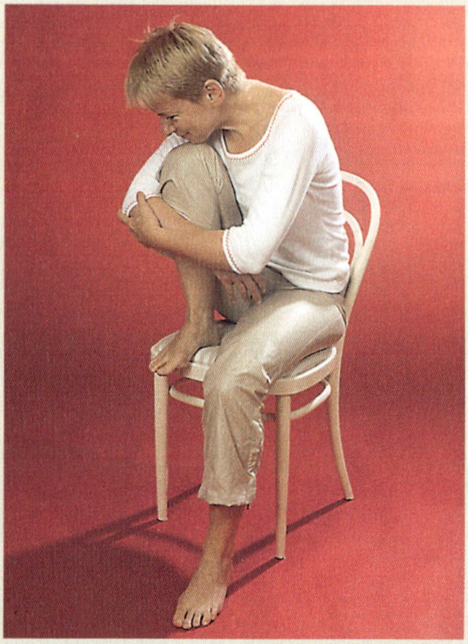

*Rückenentlastung durch die halbe Saigonhocke beim langen Sitzen und in engsten Räumen (z.B. Flugzeug).*

- Die halbe Saigonhocke im Sitzen mit Umarmung des Unterschenkels, wobei diese Position durch Abstützen des Kinns auf den Knien noch verstärkt werden kann.

*Die 7 Fitmacher*
*sind ein Antistressprogramm in Bildern*
*mit einem hohen Memory-Effekt.*

*Angesprochen wird unser*
*ganzes Gehirn und die einzelnen Übungen*
*bleiben besser in unserer Erinnerung.*

*Bewegen wir uns also auf elastischen Beinen*
*durch den Tag und machen es –*
*wie beschrieben – den Tieren nach.*

# Mehr Spaß in der Gruppe

Mit den 7 Fitmachern haben Sie noch mehr Spaß beim Üben in der Gruppe, denn einer motiviert den anderen und in der Gemeinsamkeit kommt echte Freude auf.

*Dehnung der Fingerbeuger und der Achillessehne am hinteren Bein durch den typischen Ausfallschritt und gegenseitigen Handdruck, wobei die Finger nach oben zeigen.*

*Verstärkte Dehnung der Fingerbeuger und der Armeindrehmuskeln (Pronatoren) durch Außenrotation beider Hände. Die Finger weisen zum Boden.*

*Dehnung der Hüftbeuger durch die typische Storchenbeinübung. Sicherheit beim Einbeinstand durch gegenseitiges Abstützen.*

*Paarweise Dehung überbeanspruchter Finger.*

# Krafttraining

## Nur 7 Minuten für eine gute Figur

### Die einfachen Basisübungen

Wir brauchen sie in allen Bewegungs- und Belastungsphasen und zu einer guten Figur – kräftige Muskeln. Also in den Beinen zum Gehen, im Rücken zur Stabilisierung der aufrechten Haltung und in den Händen und Armen zum Greifen und Festhalten.

Starke Beine bekommt der Mensch vom Gehen, Laufen, Radeln, Skilaufen und Bergwandern.

### Gefährdete Gelenkabschnitte

Rücken, Bauch und Becken brauchen jedoch unsere ganze Aufmerksamkeit. Beim sitzenden Menschen hapert es besonders an den Rücken-, Bauch- und Gesäßmuskeln, und die geschwächten Partien neigen leicht zu schmerzhaften Verspannungen. Anerkannte Sportwissenschaftler sagen: Die am meisten vernachlässigten Körperpartien liegen an der Rückseite des Körpers: Nacken, der gesamte Rücken, die Streckseiten der Arme und Hände und besonders beim absatzbetonten Vorfußgeher die vorderen Schienbeinmuskeln.

### Häusliches Training

Bodybuilding und Fitness-Studios sind nicht Jedermanns Sache. Manchen fehlt's an der Zeit, andere mögen die Monstermaschinen nicht. Also: Muskelaufbau durch Krafttraining zu Hause. Und zwar speziell für die Muskelabschnitte, die häufig – wie oben beschrieben vernachlässigt werden (Antagonistentraining). Am Besten in geschickter Kombination mit den sieben bereits ausführlich dargestellten Dehnungsübungen. Ein Tipp: Mit Musik geht alles besser.

### Ohne Schweiß kein Preis

Skandinavische Studien weisen aus, dass sieben Wiederholungen pro Satz (Set) zum schnellsten Kraftzuwachs führen. Drei oder fünf Durchgänge oder Sätze zu sieben Wiederholungen bestimmen also einen Übungsteil.

- Üben Sie langsam.
- Vermeiden Sie Schwungbewegungen und Pressatmung (Blutdrucksteigerung!).
- Atmen Sie während der Anspannung aus.

## Auch Muskeln brauchen Pausen

Gewähren Sie dem Muskel nach dem Training 24 bis 28 Stunden Pause zur Erholung. Er braucht sie, um die Trainingsreize in Wachstum umsetzen zu können. Allerdings: Bereits nach einer Woche Trainingspause beginnt der Kraftrückgang. Das heißt, eine Trainingseinheit pro Woche gewährleistet lediglich, dass die vorhandene Kraft aufrecht erhalten wird.

*Achtung:* Bei 6 Monaten Bettruhe verliert der Mensch 80 % seiner Muskelkraft. Der Bär büßt beim Winterschlaf nur ein Viertel seiner Muskelkraft ein. Dafür sorgen autonome Muskelzuckungen.

## Ein Leben lang

Der Mensch ist während seines ganzen Lebens trainierbar. Ohne Training jedoch verliert der Mensch in 30 Jahren acht Kilo Muskulatur. Dafür baut er 20 Kilo Fett auf!

---

*Tun Sie daher etwas für*
*Ihre Gesundheit.*
*Bevor es andere tun müssen.*

---

### NUR 7 MINUTEN FÜR EINE GUTE FIGUR ABER AN DER RICHTIGEN STELLE

Jeder Übungsteil besteht aus sieben Wiederholungen. Die einzelnen Teile können dann nochmals drei bis fünf Mal wiederholt werden.

## Das obere Nackenduett

Zur Verstärkung der Nackenmuskulatur und der oberen Schulterblattmuskulatur.

### 7 x KOPFWIPPE

Sie stehen mit dem Rücken an der Wand. Beide Füße 10 bis 20 Zentimeter davor im Fersenstand. Kontakt mit der Wand hat nur noch der Hinterkopf. Die gestreckten Finger und Hände liegen seitlich an den Schläfen. Betont den Oberkörper aus Nackenmuskelkraft vor- und zurückbewegen. Blicken Sie dabei auf den Boden und vermeiden Sie die Überstreckung des Nackens.

*Die Kopfwippe bewirkt eine Verstärkung unserer überbelasteten hinteren Nackenmuskulatur.*

## 7 x ELLBOGENSTÜTZE

Gleiche Stand-Position wie Kopfwippe. Rückwärtige Flächen der Ellbogengelenke haben Kontakt mit der Wand. Ellbogen in Schulterhöhe. Finger maximal gestreckt. Vordere Körperbewegung als Liegestütz rückwärts.

*Die Ellenbogenstütze vor der Wand bewirkt eine Verstärkung, speziell der oberen Rücken- und Schulterblattmuskulatur.*

### Das untere Rückenduett

Zur Verstärkung der Schulterblatt- und unteren Rückenmuskulatur. Dazu brauchen Sie ein elastisches Band, das zu zwei Handschlaufen geknotet ist. Sie hängen das Band seitengleich an die beiden Griffe einer geöffneten Tür und setzen sich einen Stuhl davor.

## 7 x SCHMETTERLINGSÜBUNG

Rückwärtsbewegung der Arme seitwärts am Körper aus 20 Grad gebeugten Ellbogengelenken. In rückwärtigen Seitbewegungen werden beide Arme langsam nach hinten geführt. Dabei auf gleichzeitige Fingerstreckung achten!

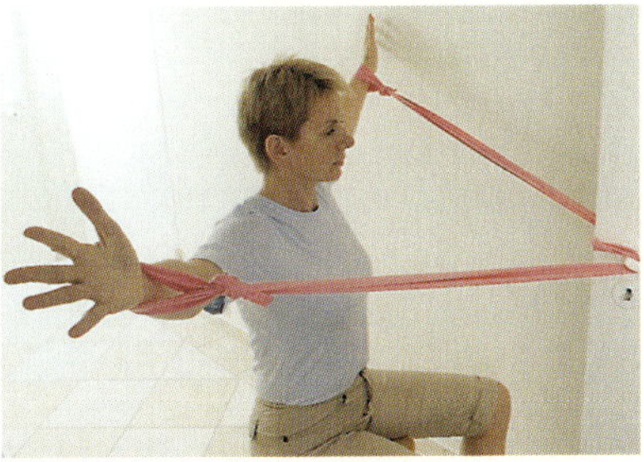

*Verstärkung der Rücken- und Schulterblattmuskulatur durch die Schmetterlingsübung.*

## 7 x OBERKÖRPERSTRECKUNG

Beide Hände mit den Schlaufen liegen am Hinterkopf. Zusammen mit den Händen Kopf und Oberkörper weit nach vorn bewegen und die Ellbogen zusammen führen. Anschließend Körper und Ellbogengelenke seitlich nach hinten strecken (siehe Seite 18).

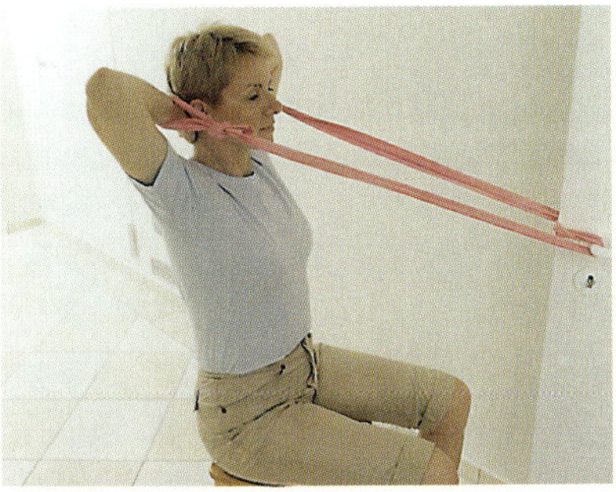

*Verstärkung der Schulterblatt- und unteren Rückenmuskulatur.*

Nach dem Übungsprogramm dehnen Sie mit Giraffenhals und Katzenbuckel (siehe Seite 22 und 23).

### Vorderes Bauchmuskelduett

Zur Verstärkung der geraden und schrägen Bauchmuskeln.

#### 7 x GERADE BAUCHMUSKELÜBUNG

Sie liegen mit angezogenen Beinen (Kniegelenke 90 Grad Stellung) auf dem Boden. Beide Hände seitwärts an den Schläfen. Der Körper wird 7 x langsam angehoben (Schulterblätter ca. 10 cm vom Boden abheben).

◄ *Verstärkung der vorderen Bauchmuskulatur.*

#### 7 x SCHRÄGE BAUCHMUSKELÜBUNG RECHTS UND LINKS

Gleiche Ausgangsposition wie in der Vorübung. Dabei drückt die nach innen gedrehte Hand jeweils rechts und links auf den gegenüberliegenden Oberschenkel.

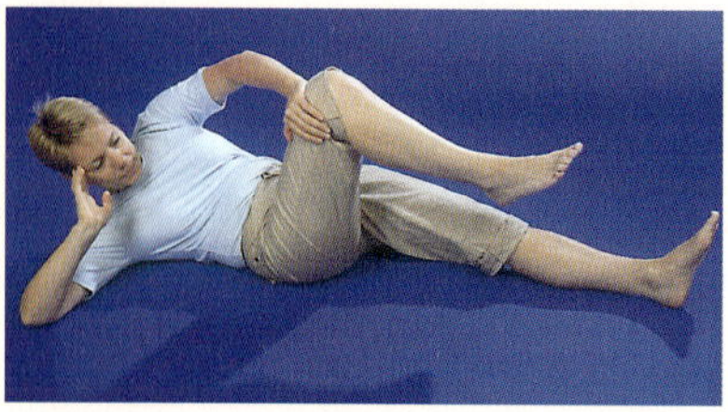

◄ *Verstärkung der wichtigen schrägen Bauchmuskulatur.*

*Die beste Zeit für das Krafttraining ist direkt nach einem Spaziergang, nach dem Jogging, nach dem Radeln oder vor der täglichen Dusche.*

*Neben diesem Krafttraining gibt es wichtige Ausgleichsübungen für Leistung und Gesundheit, die so ganz nebenbei praktiziert werden können.*

1. Trainieren Sie den Hackengang. Das stärkt die vordere Schienbeinmuskulatur und führt zum besseren Abrollen des Fußes. So lernen Sie den unbeschwerten Swinggang (kann man fünf Minuten lang beim Zähneputzen üben).

2. Damit die Unterarm- und Fingerstrecker verstärkt werden (gegen Sehnenscheidenentzündung, Computerbelastung und Tennisarm!). Trainieren Sie das Gegenteil vom Faustschluss und strecken Sie bewusst die Finger. Nehmen Sie einfach einen Bürogummi.

3. Häufig ist die innere Oberschenkelmuskulatur zu schwach. Das führt nicht selten zu Kniescheibenproblemen, speziell bei Mädchen. Nachteilig sind in diesem Falle auch alle Skatingsportarten – ein Ausgleichstraining tut not. Isolierte Verstärkung des inneren Oberschenkelstreckmuskels.

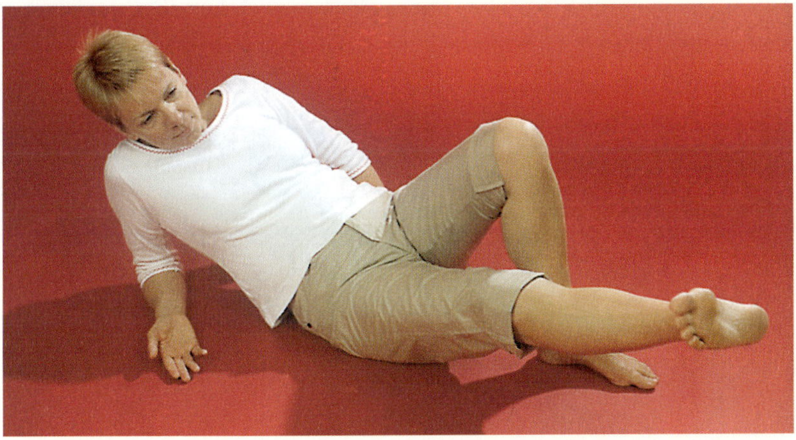

*Gezielte Verstärkung des inneren Oberschenkelstreckers (M. vastus medialis) gegen Knie- und Kniescheibenprobleme, die besonders häufig bei Frauen auftreten.*

## Und nun zum schönen Geschlecht

Wenn die rückwärtigen Oberarme an Festigkeit verlieren: Liegestütz rückwärts, diese Übung kann man leicht während der Tagesschau machen.

*Liegestütz rückwärts in Hockposition vor einem Stuhl zur Verstärkug der rückwärtigen Oberarm- und Schulterblattmuskulatur.*

Wenn Beckenboden- und Gesäßmuskulatur schwach und locker werden: Treppensteigen, Treppensteigen, Treppensteigen, aber schön langsam! Pro Sekunde eine Stufe. Das danken Ihnen Rücken und Kreislauf. Zur Entlastung von Rücken, Beckenboden und Knien, in Rückwärtstechnik oder per Lift nach unten.
Auf diese Weise dehnen Sie so ganz nebenbei Ihre Waden.

*Treppentraining in der Aufstiegsphase trainiert besonders Gesäß-, Becken- und Oberschenkelmuskulatur.*

*Wiederholt treppab dehnt – so ganz nebenbei – Waden und Achillessehnen und sorgt für eine günstige Knie- und Rückenentlastung.*

## Das Auto als Fitness-Studio

Zeitnot und Rückenschmerzen begleiten den Menschen überall. Dauernder Rückenstress nimmt die Bandscheiben regelrecht in die Zange. Das führt zu schlaffen Rückenmuskeln. Abhilfe schafft der sog. Rückenrodeo – nach dem Vorbild der Cowboys. Das stärkt den Rücken und pumpt wieder Sauerstoff in die überlasteten Bandscheiben und das sogar während der Autofahrt. Die rhythmische Anspannung des Rückens und des Beckenbodens geschieht durch den wiederholten Druck der Schulterblätter gegen die Rückenlehne, mindestens 7 x oder mehr pro Serie. Zum Schluss den Oberkörper maximal nach vorne führen, das dehnt den Rücken. Achtung: Fahrbahnkontrolle!

*Wiederholte Anspannung des Beckenbodens und der unteren Rückenmuskulatur durch Druck der Schulterblätter gegen die Lehne über den Rückenrodeo beim langen Sitzen.*

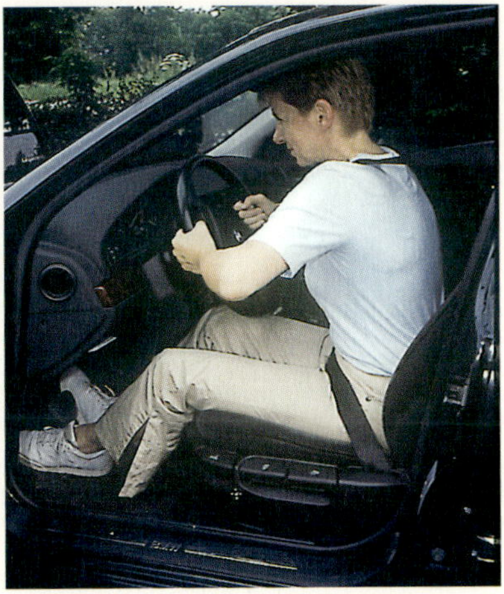

*Wiederholte Dehnung der unteren Rückenmuskulatur durch Maximalbewegung des Oberkörpers zum Lenkrad.*

Der Rückenrodeo wird zu einem festen Ritual, wenn Sie jede Gelegenheit dazu nutzen: Rote Ampelschaltung, im Bus oder im Zug an jeder Haltestelle und auf langen Flügen wiederholt gegen das gefürchtete Economy-Class-Sydrom. Highlight auf der Autobahn: Musik aus dem Autoradio und der wiederholte Rodeotanz im Sitzen bringt Freude auf und die Zeit vergeht wie im Fluge.

## Gehen und laufen nach Formel 1

Ein Formel 1-Reifen ist rund und zwar vorn und hinten. Ein gleiches Profil haben Tierpfoten. Ähnliche Rolleigenschaften weist der menschliche Fuß auf. Doch wir tragen Schuhe, bei denen der Absatz zu weit hinten und meist zu hoch platziert ist. Das führt zum Spitzfuß. Dadurch rollt der Fuß nicht mehr gleichförmig ab. Unsere Schritte werden immer kürzer – ohne Gegenschwung aus den Hüften.

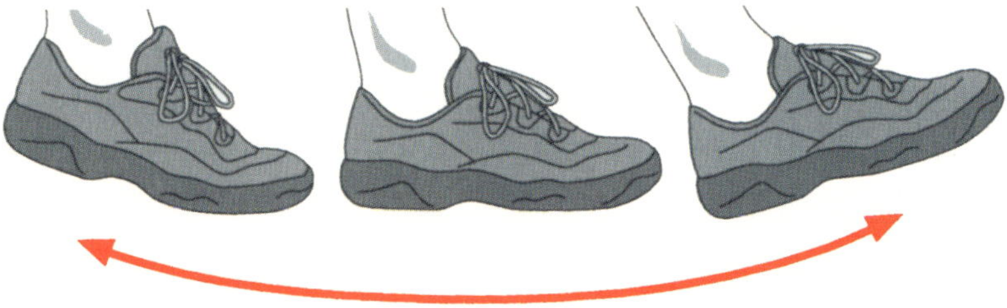

*Beim Gehen nach Formel 1 verhält sich der Fuß wie das Abrollen eines Rades mit geringem Widerstand und verminderter Vertikalbelastung.*

Die Folgen: Schnelle Ermüdung, Rücken- und Gelenkschmerzen, verspannte und verkürzte Wadenmuskeln und Achillessehnen, Wadenkrämpfe, Muskelzerrungen, Fersenbeinspornbildungen, abgeschwächte vordere Schienbeinmuskulatur und Krallenzehenbildung.

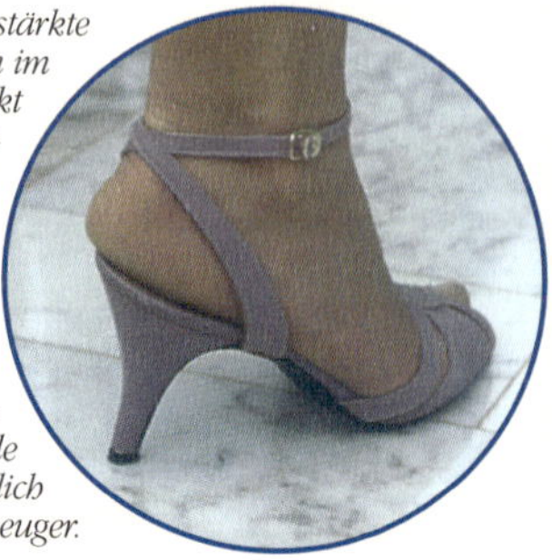

*Jede verstärkte Absatzposition im Schuh bewirkt eine Spitzfußstellung mit chronischer Stress-Spannung in den Waden, den Achillessehnen und der gesamten Fußsohle einschließlich aller Zehenbeuger.*

## Jede Bewegung lebt vom Gegenschwung

Diesen Gegenschwung müssen wir aus der Hüfte holen – wie bereits früher berichtet. Jeder Fußballer muss vor dem Schuss erst einmal Schwung holen, hierdurch bekommt die Muskulatur die notwendige Energie.
Beim Skilanglauf kommt die eigentliche Schubkraft nach vorne aus der betonten hinteren Streckphase des Beines.

Auch beim ermüdungsarmen Laufen und Gehen müssen die Beine schwungvoll nach hinten geführt werden, Voraussetzung ist jedoch eine bewusste Streckung in den Hüftgelenken.

*Die Kurventechnik im alpinen Skisport lebt gleichermaßen vom Schwung und Gegenschwung.*

*Gehen nach Formel 1 heißt rollen statt stöckeln mit geringer Knie- und Rückenbelastung.*

*Gehen nach Formel 1 macht unseren Schritt länger, elastischer, ermüdungsärmer.*

Wenn das hintere Bein nach vorn schwingt, muss der Fuß horizontal zum Boden geführt, die Ferse praktisch flach aufgesetzt werden, Vorfuß und Zehen sind bewusst gestreckt, das Kniegelenk zwischen 10 und 20 Grad gebeugt. Dadurch wird der größte Teil des Körpergewichts über einen Horizontalschub abgefangen. Spitzfußgehen belastet Rücken und Gelenke.

*Gehen und Laufen nach Formel 1 ist rollen statt stöckeln. Bewusste und elastische Körperbewegung bringt Schwung und mach Spaß.*

Gehen mit elastischen Beinen, schwungvoll, gleichmäßig abrollend und mit langem Schritt entspricht dem anmutigen Schlendern, besonders den Läufern und Sprintern.

Beim elastischen Gehen setzen wir uns besser in Szene, der ganze Körper ist aufgerichtet. Ständiges Spitzfußgehen verkürzt den Schritt und versetzt den Hüftlendenmuskel (Mr. 1) unter ständige Stress-Spannung.

Die Lendenwirbelsäule verbiegt stärker nach vorne, die gebeugte Brustbeinbelastung nimmt zu, der Mensch wird kleiner.

---

*Gehen nach Formel 1 bedeutet weniger Rücken- und Gelenkschmerzen – und das ganz ohne mühevolles Krafttraining. Wir kommen wieder körperbewusster daher und können ermüdungsfreier gehen und laufen.*

Fazit: Gehen nach Formel 1 ist die neue Gehkultur

---

# Ausdauertraining
## Die beste Medizin für Herz und Kreislauf

Vogel fliegt, Fisch schwimmt, Mensch läuft – war der Leitspruch der Lauf-„Lokomotive" Emil Zatopek, einer der größten und erfolgreichsten Langstreckenläufer. Dazu sagt der Präventivmediziner: Die Aktivität des rechten und linken Beines ist unsere wichtigste Medizin.
Aber: Der Geist ist willig, doch das Fleisch ist schwach. Dennoch können 30 Minuten Aktivsein, um ausdauernder zu werden, Spaß machen, mit der Natur in Verbindung gebracht und durch Musik und Tanz noch bereichert werden.

### Bewegungsepisoden erleichtern den Einstieg ins Ausdauertraining

Bewegungsepisoden sind umfassende Aktivitäten über mindestens 15 Minuten, die den Einstieg ins Ausdauertraining fördern und bei Zeitmangel ein Mindestmaß an täglicher Aktivität garantieren.

- Tanzjogging auf dem Mini-Trampolin
- Treppentraining mit moderater Belastung
- Feierabend-Walking
- Bewegung in Pausen

### Häusliches Tanzjogging auf dem Mini-Trampolin

Morgenstund' hat Gold im Mund. Warum also nicht zu früher Stunde Tanzjogging auf dem Mini-Trampolin? Diese „Sauerstoffdusche" füllt Ihre Energietanks und Sie haben Power für den ganzen Tag. Dabei kann die wechselnde Beinbewegung synchron zum Musikrhythmus geschaltet werden. Und dann drei Schritte über die Nase ein- und drei Schritte über die Nase ausatmen. So kann man sich nicht überfordern. Achtung: nicht mit nüchternem Magen trainieren, das Gehirn braucht zum Start ein geringes Zuckerangebot (z.B. Zwieback, Banane oder Keks).

*Tanzjogging nach Formel 1 auf dem Mini-Trampolin spart Zeit und bringt Freude und Gewinn.*

## Die Treppe – kostenloses Fitnesstraining

Treppentraining ist gesund – für Rücken, Herz und Kreislauf, Beinmuskulatur und Beckenboden werden genau wie der Treppensteigermuskel gestärkt. Konditionstrainig gratis! Aber nur treppauf oder bergauf. Treppab per Lift oder bei jeder Gelegenheit rückwärts. So schonen Sie Ihren Rücken und Sie dehnen nebenbei die verkürzten Waden. Dabei Zeit lassen, pro Sekunde eine Stufe treppauf, denn jede Form der Kurzatmigkeit schaden Herz und Kreislauf.

Jede Treppe fällt Ihnen leicht, wenn Sie sich immer wieder vorstellen, dass jede Stufe Ihr Leben um drei Sekunden verlängert.

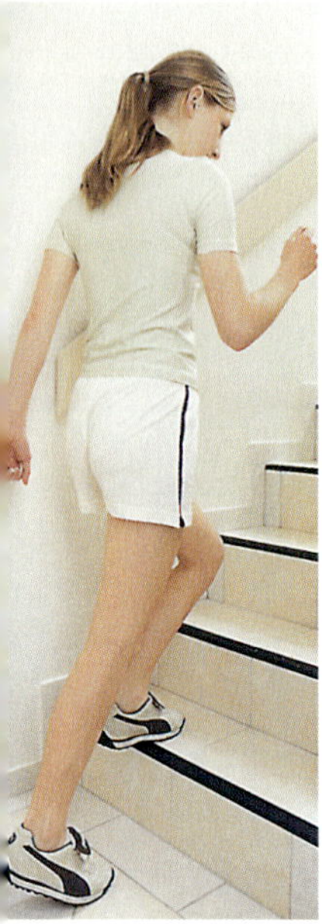

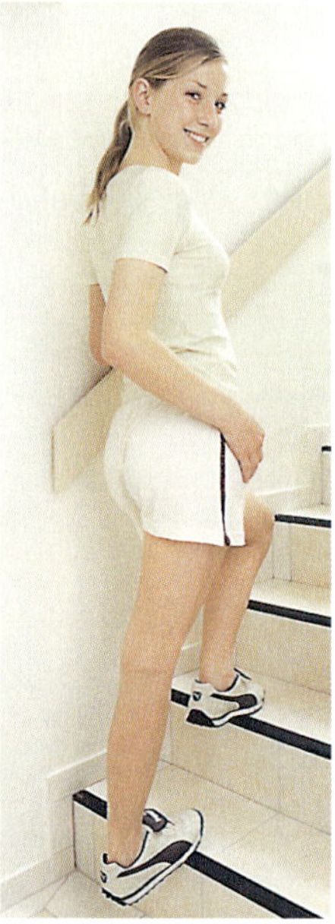

*Langsam treppauf (pro Sekunde 1 Stufe) ist ein optimales Ausdauertraining. Rückwärts treppab dehnt die Waden und schont den Rücken.*

## Feierabend-Walking

Steigen Sie auf der Heimfahrt eine Station früher aus Bus oder Bahn und gehen das Stück zu Fuß. Dann haben Sie etwas für Ihre Gesundheit getan. Atmen Sie tief durch die Nase jeweils über 3 Schritte ein und über 3 Schritte aus. Dabei den ganzen Fuß nach Formel 1-Technik abrollen (siehe Abb. S. 41).

*Feierabend-Walking nach Formel 1 mit Temposteuerung durch die Nasenatmung.*

---

*Achtung: Bewegungsepisoden kann man sammeln.*
*Je 15 Minuten Mini-Trampolin, Fahrradtraining und Feierabend-Walking wirken wie 45 Minuten Ausdauertraining in einem Guss.*
*Eine mutmachende Erleichterung.*

---

## Bewegung in Pausen

Lästige Wartezeiten verlieren ihre ätzende Stresswirkung, wenn man sie mit Bewegung oder Meditation verbringt. Langes Sitzen in der Bahn, im Bus oder Flugzeug ist erträglicher, wenn vor dem Start zusätzliches Sitzen mit Bewegungsepisoden aufgelockert wird.

*Treppentraining als gewinnbringende Bewegungspause am Bahnhof, Flughafen usw.*

## Neue Freiheit durch tiefes Atmen

Wer sich beim Laufen noch gut unterhalten kann, überfordert sich nicht, liegt innerhalb der wichtigen sauerstoffreichen (50 – 80% der maximalen Herzfrequenz) Trainingszone. Am besten: Drei-Schritt-Atmung. Sie atmen über die Nase mit geschlossenem Mund über drei Schritte ein, darauf erfolgt wiederum über die Nase über drei Schritte die Ausatmung.

*Die Nasenatmung ist unser natürlicher Filter und reguliert optimal die Sauerstoffversorgung des Körpers!*

Sie aktiviert die Atemhilfsmuskulatur und das Zwerchfell. Sie regt Herz und Leber an, die über die Pumpwirkung des Zwerchfells regelrecht durchgeknetet werden. Außerdem massiert sie den Dickdarm und beschleunigt die Verdauung. Die Nasenatmung ist unser Peacemaker für Bewegung. Wer verlegte Nasenwände hat, kann ein Nasenpflaster benutzen, wie es viele Sportprofis tun.

Die „Wunderpille“ Ausdauertraining schenkt Ihnen Gesundheit und Leistung auf natürliche Art und ein neues körperliches Wachstum in folgenden Stufen:

- Verbesserung der maximalen Sauerstoffaufnahmefähigkeit des Körpers, d.h. jede Zelle erhält einen regelrechten Energieschub
- Leistungssteigerung von Herz, Kreislauf, Atmung mit gezielter Prävention gegen Herzinfarkt und Schlaganfall
- Natürlicher Stressabbau durch Betonung des Beruhigungsnerven (Parasympathikus) und Dämpfung des Kampfnerven (Sympathikus)
- Natürliche Stimulation des Immunsystems
- Stabilisierung des gesamten Bewegungssystems mit Prävention gegen Osteoporose
- Vermeidung von Typ-II-Diabetes, der nach neuesten Meldungen bereits bei Kindern mit Bewegungsmangel deutlich im Ansteigen begriffen ist.
- Natürliche Gewichtskontrolle und Umverteilung von Fett in Muskulatur
- Ausbau des kreativen Gedankengutes und Verbesserung des Neuzeitgedächtnisses – Bewegung hält uns ein Leben lang auch geistig fit.

*Resumee:* Könnte man die gesund- und leistungserhaltende Wirkung von Ausdauertraining in eine Tablette packen, sie wäre das Jahrhundertpräparat.

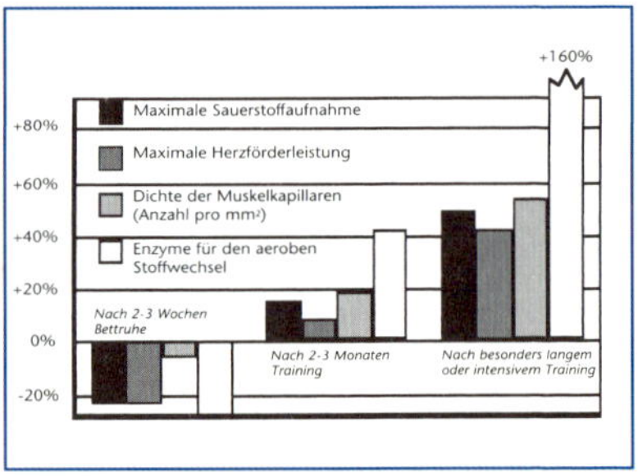


*Verbesserung des gesamten Herz-Kreislaufsystems durch moderates Ausdauertraining in Gegenüberstellung zur Inaktivität bei Bettruhe (Saltin und Rowell).*

## Wieviel Ausdauer darf es sein?

Puls und Atem zeigen uns an, wo die Leistungsgrenze liegt. Exakt misst die Pulsuhr, wobei der Sender direkt über dem Herzen an der Brustwand liegt.
Diese Trainingskontrolle gilt aber bevorzugt für Leistungssportler und für Patienten nach überstandenen Herz-Kreislauferkrankungen.
Es geht aber auch über die Dreierschrittatmung per Nase. Denn wer sich zu viel zumutet, dem wird „die Luft knapp“. Das ist dann das

ganz natürliche Signal, langsamer zu machen oder stehen zu bleiben. Anders bei der Mundatmung. Sie hat keinen so langen Weg zur Lunge wie die Nasenatmung. Deshalb führt sie leicht zu Extrembelastungen, die wir in der Vorbeugung nicht gebrauchen können.

Je nach Laufintensität gibt es verschiedene Trainingszonen, fünf insgesamt, wobei die beiden oberen Zonen zwischen 80 – 100% der maximalen Herzfrequenz liegen und dem absoluten Leistungssport vorbehalten sind. In der Prävention interessieren die drei unteren Bereiche (50 – 80% der maximalen Herzfrequenz) und sie garantieren jederzeit eine optimale Sauerstoffversorgung des Gesamtorganismus.

| | | | | | Prozent der maximalen Herzfrequenz |
|---|---|---|---|---|---|
| Leistungsförderung | Extreme Trainingszone | Hohes Lauftempo über Mittelstrecken | Keine weitere Gesundheitsförderung | V | 100% – 90% |
| | Intensive Trainingszone | Intensives Lauftempo über Langstrecken | Keine weitere Gesundheitsförderung | IV | 90% – 80% |
| Gesundheitsförderung | Obere Gesundheitszone | Beschleunigtes Lauftempo über Langstrecken | Verbesserung der Lungenkapazität | III | 80% – 70% |
| | Untere Gesundheitszone | Jogging oder leichter Lauf | Verbesserung der Herzkapazität | II | 70% – 60% |
| | Fettverbrennungszone | Beschleunigter Spaziergang | Verbesserung von Muskelkapazität u. Durchblutung | I | 60% – 50% |

*Moderates Lauftempo (50 – 80% der max. Pulszahl) mit tiefem Atem bewirkt Stressabbau und Gesundheitsförderung in einem.*

## Erste Trainingszone oder Fettverbrennungszone

Sie liegt im Ausdauerbereich zwischen 50 bis 60% der maximalen altersbedingten Herzfrequenz und trainiert vor allem die Muskulatur in den äußeren Zonen des Körpers. Bei langen Trainingseinheiten (mindestens 30 Minuten) ist es die sogenannte Fettverbrennungszone. Die maximale Herzfrequenz ist altersabhängig, laut Tabelle liegt bei einem 60-jährigen der Puls zwischen 80 und 96 Schlägen pro Minute. Dieser ersten Trainingszone werden Sie beim Walking oder leichtem Laufen gerecht. Bei 40 bis 60 Minuten schmilzt besonders viel Fett.

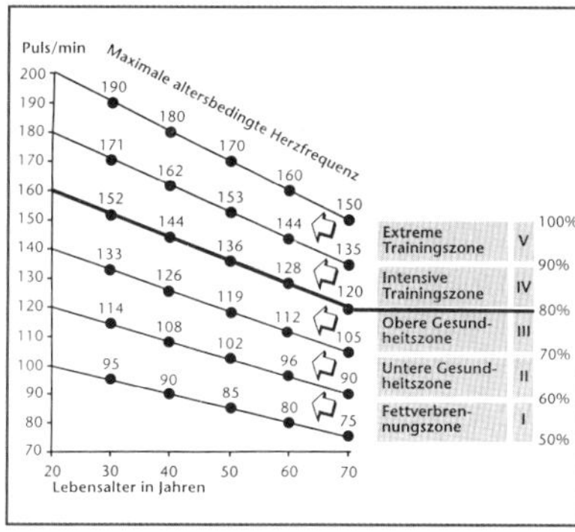


*Die Pulsfrequenz zur Gesundheitsförderung ist altersabhängig und nimmt vom 20. bis zum 70. Lebensjahr von 160/Min. auf 120/Min. ab. Die Faustregel für ein pulsgesteuertes Training lautet 180 minus Lebensjahre.*

## Zweite Trainingszone

Die etwas schnellere Gangart. Hier kommen 60-jährige auf eine Pulszahl von 96 bis 112 Schlägen pro Minute. Dabei wird besonders die Herzleistung verbessert. Das Herz wird nicht nur größer. Es kann auch mehr Blut transportieren. *Der leicht beschleunigte Lauf stärkt also speziell das Herz.*

## Dritte Trainingszone

Beschleunigtes Laufen im Ausdauerbereich in dieser Zone stärkt speziell die Atemmuskulatur. Der Puls von 60-jährigen liegt zwischen 112 bis 128 Schlägen pro Minute. Jede Tempobeschleunigung führt zum

Übergang in die sauerstoffarme Trainingszone, die für die Gesundheitsförderung nicht in Frage kommt.

*Wichtig:* Die Nasenatmung setzt Grenzen für die Belastung. Sie sind erreicht, wenn Sie über die Nase nicht mehr genügend Luft bekommen und über den Mund einatmen müssen.

---

*Laufen ohne zu schnaufen –*
*das Highlight*
*der Gesundheitsförderung –*
*wer tief atmen kann, hat den Mut*
*und die Kraft eines Löwen.*

---

## Ausdauertraining-Stundenplan

Einmal ist keinmal – gilt auch für unsere Ausdauer! Die Herzinfarktrate kann um 50 % gesenkt werden – das ist doch was – wenn 2000 kcal pro Woche durch Aktivität großer Muskelgruppen (rechtes und linkes Bein) verbraucht werden. 2000 kcal pro Woche entsprechen in etwa vier- bis fünfmal jeweils 30 Minuten Joggen. Als Orientierung gilt: Jogging über 10 km je Stunde = 800 kcal, Radeln über 20 km je Stunde = 400 kcal, Gehen über 5 km je Stunde = 400 kcal.

---

*2000 kcal pro Woche*
*Ausdauertraining schützen*
*vor Herzinfarkt, Schlaganfall*
*und Typ-II-Diabetes.*

---

## Bewegung – immer wieder Bewegung!

Glauben Sie nicht, dass man dem Körper Sauerstoff im Sitzen oder trinkend mit Mineralwasser zuführen könne. „Alles Unsinn“, sagen die Experten der Sporthochschule Köln. Der Atemweg ist und bleibt unsere beste und einzige Sauerstoffquelle. Und dazu gehört Bewegung, Bewegung und nochmals Bewegung, am besten mit dem rechten und linken Bein.

## Zu Hause – Zeit sparen und Freude haben

Gehen, Laufen, Radeln im Freien ist die natürlichste Form des Ausdauertrainings. Aber auch zu Hause bringt Bewegung auf dem Mini-Trampolin oder auf dem Fahrrad-Ergometer neben Zeitersparnis auch Freude und Gewinn nach dem Motto „mit Musik geht alles besser“.

## Mini-Trampolin

Musikgesteuertes Tanzjogging auf schwingendem Boden erhöht die Ausdauer und fördert gleichzeitig Koordination und Gleichgewicht. Ein gleichzeitiges Antisturzprogramm. Nicht springen, sondern laufen ist angesagt. Zur Entlastung von Rücken und Gelenken rollen Sie den ganzen Fuß nach Formel 1-Technik ab. Zweimal 1 kg Handgewichte mit Schlaufen fördern ein optimales Ganzkörpertraining (Skilanglauf vergleichbar). Strecken Sie wiederholt die Finger in die Schlaufen und führen die Arme in

Seitbewegung bis zur Horizontalen. Swing-Jogging auf dem Trampolin ist nicht mit dem typischen Gesellschaftstanz zu vergleichen, da hier zu viele Pausen eingelegt werden. Das entspricht einem Intervalltraining, einer Wechselbewegung zwischen hohen und niedrigen Pulswerten (z.B. Tennis). Intervalltraining hilft bei niedrigem, nicht jedoch bei dem gefährlichen, hohen Blutdruck.

*Wiederholtes Streckertraining der Arme auf dem Mini-Trampolin durch seitliche Arm- und Fingerstreckung.*

## Fahrrad-Ergometer

Optimal für Rücken- und Beingelenksentlastung, wobei man über eine Monitorkontrolle das Herzkreislauftraining präzise durchführen kann.

Allerdings muss die Sattelhöhe körpergerecht eingestellt werden (bei der tief stehenden Pedale sollte mit der Ferse Kontakt möglich sein). Es ist besonders gut, wenn die Pedalen Schlaufen haben, so dass betont auf das Ziehen der Pedalen zur Kniegelenksentlastung geachtet werden kann. Ebenso empfiehlt sich eine Trittfrequenz von 60 Umdrehungen pro Minute.

Der Belastungswiderstand wird in Watt gemessen. Bei Beginn des Trainings ein Watt je Kilogramm Körpergewicht mit allmählicher Steigerung auf zwei Watt je Kilo Körpergewicht.

Auch bei diesem Ergometer-Training ist ein atemgesteuertes Training, wie bereits oben beschrieben, per konsequenter Nasenatmung möglich, so dass auf pulsgesteuerte Kontrollen verzichtet werden kann.

*Streckertraining der Füße mit Knieentlastung durch betontes Hochziehen der Pedale durch die Schlaufe.*

### Schwimmen

Am besten ist Rückenschwimmen. Aber wer beherrscht schon diese schwierige Technik? Und vielfach sind die Schwimmhallen zu voll besetzt. Auch Kraulen ist gut. Weil die ganze Wirbelsäule optimal im Wasser liegt. Längeres Brustschwimmen führt dagegen zu einer bedenklichen Überstreckung der Halswirbelsäule, oft verbunden mit Rückenschmerzen. Optimal ist Schwimmen mit einem Schnorchel, es entlastet den gesamten Rücken, trainiert speziell die Atmung (Trotraumtraining) und hält uns in der Schwimmhalle auf Distanz zum Chlor. Aquajogging mit Schnorchel ist eine leichte Alternative mit hoher Rückenentlastung. Man steht senkrecht im tiefen Wasser. Wasserspiegel bis zur Stirn: auf geht's zum Joggen, Walken oder senkrechtem Brustschwimmen und das gegen einen leichten gleichmäßigen Wasserwiderstand.

Aquajogging – ob mit Schnorchel oder Weste – ist optimal bei Übergewicht und allen Gelenkerkrankungen.

*Aquajogging mit Schnorchel trainiert speziell die Atemhilfsmuskulatur, das Zwerchfell und stärkt den Rücken.*

*Ausgangspunkt eines vielseitigen Ausdauertrainings ist immer wieder das zeitsparende häusliche Trampolintraining.*

### Mini-Triathlon – der Mix macht's

Optimal im Ausdauertraining ist ein ständiger Wechsel zwischen Jogging, Radeln, Schwimmen, Trampolin, Treppentraining etc.. Je vielfältiger der Sport gestaltet wird, umso interessanter ist seine praktische Umsetzung. Außerdem werden einseitige Muskel- und Gelenkbelastungen vermieden. Immer dasselbe macht stumpfsinnig und krank. In der Vorbeugung kommt es auf den richtigen Mix an.

### Eile mit Weile

Laufsport kann in jedem Alter begonnen werden. Viele steigen zwischen dem 14. und 16. Lebensjahr ein. Doch Anfänger – ob jung oder älter – sollten sich Zeit lassen. Bis man in der Lage ist, 30 bis 60 Minuten zu laufen, ist es ratsam, kurze erholsame Gehstrecken einzubauen.
Am Anfang – besonders bei Älteren – nicht mehr als 3,5 Kilometer. Aufgeteilt in 200 Meter Laufen und 50 Meter Gehen. Auf diese Weise kann man die Laufzeit von anfangs 10 Minuten innerhalb eines halben Jahres auf 30 Minuten steigern.

*Motivation zum Laufen:* es müssen nicht immer 30 Laufminuten sein, auch die bereits geschilderten Bewegungsepisoden (siehe Seite 43) über 10 – 15 Minuten wirken überaus leistungssteigernd. Sportmedizinische Untersuchungen zeigen, dass hierdurch die maximale Sauerstoffaufnahmefähigkeit um 8 % und die allgemeine Ausdauerfähigkeit sogar um 12 % gesteigert werden konnten. Hat man mehr Zeit als 10 Minuten, sollte man länger laufen, der Ausdauereffekt wächst mit jeder gelaufenen Minute.

---

*Machen Sie Bewegungsepisoden zu Sternstunden Ihres Lebens!*

---

ACHTUNG:
*Ausdauertraining wird extrem gefährlich und sollte unterlassen werden bei:*

Fieber, Halsschmerzen, Brustkorbverengungen, Kurzatmigkeit in Ruhe

---

### Den Doktor fragen

Vor dem Einstieg ins Ausdauertraining ist eine ärztliche Untersuchung angesagt:

- bei über 35-jährigen,
- bei Leuten, die in den letzten Jahren sportlich nicht aktiv waren,
- bei Leuten, die chronische Krankheiten wie Bluthochdruck, Diabetes, Rheuma haben,
- bei Übergewichtigen,
- bei Leuten, deren schmerzhafte Gelenkerkrankungen eine Laufbelastung verbieten.

### Pulsfrequenz testen

Nehmen Sie sich eine Treppenstufe vor. Steigen Sie nun über 4 Minuten alle 2 Sekunden eine Stufe rauf und runter. Also 120 mal. Vergleichen Sie dann den gemessen Pulswert mit den Angaben der Skala Ihrem Alter entsprechend.
*Achtung:* Den Test nicht übertreiben. Aufhören wenn's zu anstrengend wird.

Höhe der Pulsfrequenz direkt nach dem Test.

| Alter | mäßig | mittel | gut | sehr gut |
|---|---|---|---|---|
| 20 – 30 | 155 | 150 | 145 | 140 |
| 31 – 40 | 150 – 155 | 145 – 150 | 145 | 135 – 140 |
| 41 – 50 | 150 | 145 | 140 | 135 |
| 51 – 60 | 145 | 140 | 135 | 130 |
| über 60 | 140 | 135 | 130 | 125 |

Das Risiko für Herz-Kreislauferkrankungen, einschl. Herzinfarkt und Schlaganfall wird bestimmt durch die Höhe des Blutdrucks, Nikotin, Diabetes mellitus, erhöhte Fettstoffe im Blut, Bewegungsmangel und durch eine positive Familienanamnese.

Nach neuesten Erkenntnissen liegt in der Rangliste der Risikofaktoren der Bewegungsmangel an erster Stelle!

*In Deutschland erleiden pro Jahr 250.000 Männer und Frauen einen Herzinfarkt. Ein Drittel verläuft tödlich! Häufigste Ursache: Arteriosklerose, die durch Fett- und Kalkablagerungen in den Arterien auffällig wird.*

Der Bluthochdruck als wesentliche Ursache von Herz-Kreislauferkrankungen wird heute von der Medizin enger gefasst, offenbar gibt es keinen Schwellenwert, denn beim Anstieg über 120/80 mm HG steigt bereits das Herz-Kreislaufrisiko.

Die genormten Werte des Blutdrucks werden in drei Bereiche, nach den neuesten Erkenntnissen in folgende Grenzwerte unterteilt:

OPTIMALWERT
120/80 mm HG
NORMWERT
130/85 mm HG
HOCHNORMALWERT
130 – 139/85 – 89 mm HG

Zur Senkung des Herz-Kreislaufrisikos ist es wichtig, den Blutdruck in jedem Falle zu verringern. Gelingt es nicht durch Ausdauertraining, so ist eine medikamentöse Therapie unumgänglich.

Eine weitere Ursache für die Entstehung von Herz-Kreislauferkrankungen liegt im gestörten Fettstoffwechsel, häufig durch den Cholesterinwert dargestellt. Von Bedeutung ist jedoch das Verhältnis des „bösen“ Cholesterins (LDL-Cholesterin) zum „guten“ Cholesterin (HDL-Cholesterin). Entscheidend ist der Quotient aus Gesamtcholesterinwert und HDL-Wert, der kleiner als 5 sein sollte. Neben den Cholesterinwerten ist auch der Triglyceridspiegel von Bedeutung, der nicht über 200 mg/dl ansteigen sollte.

Ausdauertraining senkt nachweislich den Bluthochdruck und steigert die Wirksamkeit der Enzyme des Fettstoffwechsels, bewirkt eine natürliche Senkung des Gesamtcholesterins wie eine Erhöhung des guten HDL-Cholesterins.

## Weniger Herzschläge – längeres Leben

Ausdauertraining senkt den Blutdruck und schont unser Herz. Es kann nach drei bis vier Monaten Blutdruck und Herzfrequenz in Ruhe absenken. Auf diese Weise kann die Herzfrequenz für alle täglichen Belastungen um 15 Schläge pro Minute verringert werden. Eine gewaltige Ersparnis für die Herzleistung. Dadurch muss das Herz pro Tag 21.600 mal weniger schlagen. Ausdauertraining gilt somit als perfekter Stress- und Spannungslöser, natürlicher und einfacher Mechanismus zur besten Sauerstoffversorgung des Körpers.

---

*So können durch Ausdauertraining im Jahr acht Millionen Herzschläge eingespart werden!*

---

*Aber aufpassen:* Ausdauertraining in gemäßigter Form ist gefordert, denn jede Übertreibung schadet. Wie in allen Lebensbereichen entscheidet die Dosierung.

## Wenn der Sauerstoff im Körper verrückt spielt

Jede Energie – für Herzarbeit, Atmung und Muskeln – muss von den Körperzellen erzeugt werden. Dafür ist Sauerstoff unverzichtbar. Es kommt zum Stoffwechsel. Den höchsten Stoffwechsel in unserem Körper haben Gehirn und Muskulatur. Wobei jede Form der Aktivität den Zellaustausch in Verbindung mit Sauerstoff zwangsläufig steigert. Dadurch können aber auch sogenannte „freie Radikale“ auftreten. Diese sind unter Umständen aggressiv und zellschädigend.

*„Freie Radikale“ in mäßiger Dosierung jedoch – wie durch ein vernünftiges Ausdauertraining, Sonnenlicht und Entspannung – stärken unser Immunsystem. In hoher Dosierung – wie durch Leistungstraining, Ozonbelastung und Negativstress – schädigen sie das Immunsystem.*

Hilfreich gegen die schädlichen „Freien Radikalen“ sind Vitamin E, C und Betakarotin, das Spurenelement Selen in Verbindung mit weiteren bioaktiven Stoffen. Alkohol in hoher und regelmäßiger Dosierung und Nikotin lassen dagegen die „Radikalen“ im Organismus ansteigen.

## Die gute Botschaft:

Gelegentlich 2 Glas Wein oder Bier sind Genuss und Medizin zugleich!

*Unser Tipp für Ihre Gesundheit:*
*Rauche nicht und trinke mäßig,*
*laufe viel, sei nicht gefräßig.*

## Training mit allen Sinnen – Ausdauertraining als tägliches Abenteuer

Ausdauertraining ist das letzte leicht verfügbare Abenteuer, das der Mensch ohne große Zusatzausrüstung erleben kann. Ob beim Wandern, Joggen, Radeln und Inline-Skating, Bewegung in freier Natur ist voller Überraschungen.

Bewegungstraining mit allen Sinnen ist Faszination und nicht der pure Leistungswille. Frühling, Sommer, Herbst und Winter hautnah erleben, die Landschaft hören, riechen, sehen, schmecken.

### Natürliche Verstärkung des Immunsystems durch Bewegung

Moderate Bewegung im Ausdauerbereich (Walking, leichtes Laufen) erhöht die Werte für Adrenalin und Noradrenalin (leistungssteigernde Hormone der Nebenniere) im Blut. Beide Substanzen – geringfügig erhöht – verbessern die Aktivität der Abwehrzellen, so dass ihre Killerfunktionen auf Fremdstoffe und Fremdorganismen verbessert werden. Infektionen bleiben im Vorwege auf der Strecke, selbst Schnupfen hat keine Chancen. Muskulatur in Bewegung steigert Kreislauf und erhöht Körpertemperatur (spezielle Form des natürlichen Fiebers). Abwehrmaßnahmen nehmen zu, Viren und Bakterien werden in ihren Reaktionen verlangsamt, sie können so von Antikörpern und Abwehrzellen leichter vernichtet werden.

Das Immunsystem spricht exzellent auf Ausdauer- und Abhärtungstraining im Freien an. Der Körper reguliert auf diese Weise die Qualität der Abwehrzellen (Fress- und Killerzellen) hoch und schützt nach neuesten Erkenntnissen gegen Brust-, Darm-, Prostata- und Lungenkrebs.

*Ausdauertraining schützt nicht nur vor Herz-Kreislauferkrankungen, sondern auch vor Krebs.*

Auch Freude beim Training ist immunstimulierend und bringt natürliche Killerzellen auf den Plan. Besonders wirksam ist ein mäßiges Training über Wochen.

*Achtung:* die Zeit- und Dosierungsregel gilt auch fürs Immunsystem, bei extremer sportlicher Belastung leidet es.

*Psychischer und körperlicher Stress sind Gift fürs Immunsystem und öffnet den Bakterien Tür und Tor.*

Bewegungstraining in unserer Klimazone ist auch ein natürliches Widerstandstraining, wenn wir Regen, Wind, Schnee und Kälte unmittelbar erleben. Diese natürlichen Abhärtungsmaßnahmen machen uns regelrecht immun.

Jeder Motor muss nach hohen Drehzahlen langsam abkühlen, das gilt auch für alle Bewegungsprogramme. Auslaufen über 5 – 10 Minuten nach dem Ausdauertraining bringen Herz und Kreislauf wieder auf normalen Rhythmus. Nutzen Sie hierbei Barfußtraining auf Kies, eine hervorragende Möglichkeit, um so ganz nebenbei die Fußreflexe zu stimulieren.

*Auslaufen nach dem Training – ein Labsal für unser Immunsystem – barfuß eine Wohltat für unsere Füße.*

# Freizeit – Erholung – Urlaub
## Richtig planen & schlafen macht schön & fit!

### Wellnessurlaub

*Wellness wird durch Prävention erst schön. Wellness als Balsam für Körper, Seele und Geist kommt dann intensiv zur Entfaltung, wenn vorher unterschiedliches, körperliches Training zur Anwendung kam. Wellness ist quasi die Belohnung nach getaner Arbeit. Nach der Anspannung folgt die erholsame Entspannung.*
*Unser Rat für Sie: bereiten Sie die schönste Zeit des Urlaubs durch unterschiedliche Trainingsprogramme vor. 4 – 6 Wochen lang oder besser auf Dauer Ausdauertraining in Kombination mit unseren 7 Fitmachern (siehe Seite 21 – 25)* .

### Wandern – speziell Bergwandern

Schwungvoll laufen, mit dem ganzen Fuß abrollen – auch beim Aufstieg. Bergauf ist ideal. Dabei Nasenatmung. Gehen Sie ruhig einmal 10 Schritte rückwärts bergauf. Das entspannt die Beinmuskulatur. Bergab lieber per Lift, per Stockentlastung oder wiederholt rückwärts bergab.

## Walking und Jogging im Flachland

Gehen und Laufen ist praktisch überall möglich. Rollen Sie den Fuß möglichst lang nach Formel 1-Technik ab. Wiederholtes Barfuß-Walking, möglichst auf Kieswegen und nicht zu lang im weichen Sand (Overstretching der Fußmuskeln). Im weichen Sand auf jeden Fall Schuhe tragen!
Ratsame Geschwindigkeiten: Gehen (Walking) 5 bis 9 km die Stunde, Jogging 7 bis 10 km die Stunde.

## Urlaub an Ost- und Nordsee, Atlantik

Walking und Jogging am Strand: Für frostige Naturen auch bei kalten Temperaturen 30 Minuten warm laufen, kalte Dusche am Meer, 30 Minuten Walking zurück. So vermeiden Sie Unterkühlungen und erreichen ein optimales Training der Ausdauer und des Immunsystems.

## Urlaub am Mittelmeer

Schnorcheln in der typischen Kraultechnik. Wiederholt Aquajogging

mit Schnorchel. Sie schweben automatisch im tiefen Wasser, Wasserspiegel in Stirnhöhe. Jetzt Laufen, Brustschwimmen senkrecht (siehe Seite 50).

### Radfahren, Mountainbike

Lenker sollte hoch eingestellt sein. Der Kopf darf nicht dauernd in der Halswirbelsäule überstreckt werden, auch nicht das Handgelenk am Lenker, sonst gerät ein Handgelenksnerv unter Druck (Karpaltunnelsyndrom). Die Sattelhöhe stimmt, wenn bei tief stehender Pedale des gestreckten Beines die Ferse die Pedale erreicht. Besonders in den Bergen wichtig: Pedale betont mit Kraft über Schlaufen oder Magnetverschluss hochziehen.

### Urlaubstriathlon

Wechseln Sie regelmäßig zwischen Gehen, Laufen, Radeln, Schwimmen etc. ab. Muskeln und Gelenke danken Ihnen diesen Mix. Die Abwechslung macht mehr Spaß und Sie ermüden weniger.

### Skilanglauf

Am besten in Diagonaltechnik (klassisch, wie früher). Ist ein sehr gutes Training für den ganzen Körper. Besonders, weil das Kniegelenk frontal belastet wird. Der Gegenschwung beim Skilanglauf ist typisch für Gehen und Laufen nach Formel 1.
Dagegen brauchen alle Skatingtechniken (ähnlich dem Schlittschuhschritt) eine kräftige Oberschenkelmuskulatur.

### Ski alpin

Hoher Spaßfaktor, aber auch hohes Verletzungsrisiko. Sie fahren besser und mit geringerem Sturzrisiko, wenn Sie 6 Wochen vor der Reise zu Hause auf dem Mini-Trampolin den Umsteigeschwung üben. Wichtig: Auch die Bindung richtig einstellen lassen. Und für Senioren empfiehlt es sich, zwischen Alpin und Langlauf zu wechseln.

## Tennis

Typischer Stop and Go-Sport. Dadurch hohe Kreislaufbelastung und Gefahr von Knieverletzungen. Zur Vorbeugung: Lange Ballpassagen, wodurch Knie, Rücken und Kreislauf geschont werden.

## Golf

Bewegung in freier Natur. Ein Sport in der untersten Gesundheits- und Fettverbrennungszone. Belastungsspitzen für Herz und Kreislauf bleiben daher aus. Gefahr für den Rücken, wenn in der Schwungphase beim Abschlag die Schwungbewegung nicht durch eine kräftige und elastische Rücken- und Bauchmuskulatur abgefangen werden kann.

### Inlineskating

Geringere Belastungsphasen für die Beingelenke als beim Jogging, somit keine Herz- und Kreislaufüberforderung, bedingt durch die rollende Bewegung. Der nach außen gerichtete Skatingschwung ist auf besonders kräftige Oberschenkelmuskeln angewiesen, damit Kniescheibe und Innenmeniskus entsprechend geschützt sind. *Dringender Rat: Nie ohne Helm und Gelenkschutz auf die Piste!*

# Gehirn-Jogging
## Unser Gehirn ist bis ins hohe Alter lernfähig

### Geistiges Jogging

Neben Herz, Muskulatur und Blut ist auch unser Gehirn bis ins hohe Alter lernfähig und trainierbar. Schließlich haben unsere 300 Milliarden Gehirnzellen eine gewaltige Speicherkapazität. Nutzen wir sie! Indem wir ständig neue Informationen speichern und damit den Aufbau neuer Netzwerke programmieren.
Lernvorgänge jeder Art sind für das Gehirn das „Salz in der Suppe" – und eine von vielen, vielen Möglichkeiten, neue Zellverbindungen herzustellen. Dazu braucht es geistiges und körperliches Training ein Leben lang.

### Gehirn wird kleiner

Von den 300 Milliarden Gehirnzellen verlieren wir im Laufe des Lebens nur etwa 3 Prozent. Die eigentliche geistige Frische wird indes von den Kontaktstellen zwischen den Zellen vermittelt.
Altersbedingt nimmt unser Gehirn an Gewicht ab. Aber nicht dadurch, dass wir weniger Gehirnzellen haben, sondern weil sich die Kontaktstellen und Seitverbindungen einschränken und Millionen ihrer Dornen verlieren. Wer das verhindern will, sollte körperliches und geistiges Jogging betreiben. Denn es ist mit entscheidend für die Speicherkapazität des Gehirns.

### Kurzzeitgedächtnis

Es prägt die Persönlichkeit – besonders im Alter. Senioren ohne trainiertes Kurzzeitgedächtnis werden immer aus ihrer Vergangenheit leben, „olle Kamellen“ erzählen, die die Jungen oft nicht mehr hören mögen.

Das Kurzzeitgedächtnis steht für das positive Gespräch zwischen Jung und Alt!

### Körper und Geist

Körperliches Training bringt den Geist auf Touren und belebt die Seele. Besonders natürlich Ausdauertraining, weil es das Gehirn durchblutet. Es wirkt gegen die Sklerose der Gehirngefäße (Zerebralsklerose) und setzt gleichzeitig die Glückshormone Serotonin und Endorphin in Gang.

*Somit ist Ausdauertraining Superkraftstoff fürs Gehirn. Es macht uns pudelwohl – bis ins hohe Alter.*

*Ausdauertraining aktiviert das Kurzzeitgedächtnis um 60 Prozent, geistiges Jogging nur um 40 Prozent.*

### Kreuzworträtsel

Wer geistig joggen will, darf keine „Eselsbrücken“ über das Langzeitgedächtnis abrufen. Unsere grauen Zellen leben auch im Alter vom Überraschungseffekt, von der Gegenüberstellung mit dem Unbekannten.

Kreuzworträtsel und die Frage nach dem Namen des amerikanischen Präsidenten aktivieren nicht nachhaltig das Gehirn.

*Aber:* Schon ein zehnminütiges Gehjogging hilft dem Neuzeitgedächtnis auf die Sprünge. Auch wird das Denken durch leichte Rechenaufgaben gefördert. Ebenso über das Lernen neuer Lieder, Gedichte, Sprachen und Bibeltexte.

Dabei kann auch die Musik helfen. Denn: Wer Klavier spielt hat nicht nur Glück im Leben, sondern lebt einfach länger und ist geistig frischer.

*Pianisten und Dirigenten trainieren ihr Neuzeitgedächtnis ein Leben lang und erfreuen sich häufig guter Gesundheit bis ins hohe Alter.*

Der Grund liegt in der relativ großen Repräsentationsfläche der Hand, insbesondere des Daumens, im Gehirn.

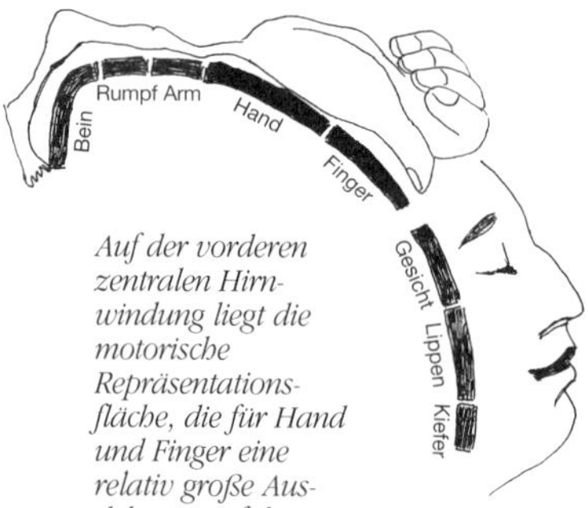


*Auf der vorderen zentralen Hirnwindung liegt die motorische Repräsentationsfläche, die für Hand und Finger eine relativ große Ausdehnung erfährt.*

## *Swing Walking auf dem Mini-Trampolin*

*Das tägliche Üben und Trainieren auf einem Mini-Trampolin ist immer möglich. 365 Tage im Jahr unabhängig vom Wetter und zu jeder Tageszeit.*

*Trampolintraining ist so nebenbei auch noch ein ganz großes Vergnügen, bringt mehr Power als Sie glauben und ist durchaus mit der optimalen Belastung beim Skilanglauf im Freien vergleichbar.*

*Das Ganzkörpertraining ist der Gewinn für Herz, Gehirn, Muskeln, Rücken und Gelenke.*

*Swing Walking nach Formel 1-Technik – mit Musik – ist eine natürliche Venen- und Lymphdrainage. Es schult speziell die Koordination und bewirkt, dass Sie sicher und elastisch durchs Leben kommen.*

---

Das **„TOTAL VITAL Trimilin“** (siehe Abb.) ist medizinisch von Prof. Dr. Gerd Schnack, Autor dieses Buches, getestet. Es wird von Präventivmedizin Wellness World empfohlen & bei allen Veranstaltungen, Seminaren sowie bei Fernsehpräsentationen eingesetzt *(Bezugsquelle siehe Seite 104)*.

# Repetitive Meditation
## Auf neuen Wegen zur totalen Entspannung

### Meditation ist der Antistresswirkung von Ausdauertraining überlegen

Medizinische Untersuchungen aus den USA belegen, dass zweimal 20 Minuten Meditation am Tag vor Arteriosklerose schützt. *Und zwar deutlich besser, als die herkömmlichen Methoden wie Diät und körperliche Aktivität (Studie des Center for natural medicine and prevention der Universität Fairfield/Indiana in Kooperation mit Wissenschaftlern der Universität Los Angeles).* Der Vorteil der Meditationsgruppe gegenüber der Diät-Gruppe war bereits nach sechs Monaten eingetreten. In der Meditationsgruppe hatte sich der Durchmesser der Halsschlagader um 0,1 mm verringert, wobei in der Bewegungsgruppe eine Zunahme um 0,05 mm zu verzeichnen war. In beiden Gruppen hatten sich Blutdruck und Puls in Ruhe verringert, was den zahlreichen Megastudien für Ausdauertraining entspricht.

### Neue Wege zum inneren Kick!

Die heutige Jugend sucht den totalen Kick. Bungee vom Fernsehturm, Snowboarding vom Mont Blanc, Höhlentauchen mit hohem Risiko, Rafting in wilden Gewässern und rauf auf den Mount Everest – koste es, was es wolle. Der Wahnsinn grassiert.

### Der neue Weg

Zum Glück gibt es aber auch den neuen Weg zum inneren Kick. Er wird in diesem Buch aufgezeigt und heißt „Repetitives Meditationstraining“ (RMT). Mit ihm kann Stress in kürzester Zeit abgebaut werden, um Ruhe und Entspannung bei innerer Harmonie zu erlangen.

### Repetitive Meditation nimmt uns unsere Sorgen und Ängste

Dabei geht's vorrangig um eine energiefördernde Gleichschaltung zwischen unserer Atmung und den geistigen Aktivitäten – die Folge: Befreites Denken. Sorgen und Ängste sind ausgeblendet. RMT kann den Sauerstoffbedarf um 10 bis 17 % senken. Und das bereits nach 5 Minuten.

**Repetitive Meditation ist neben Ausdauertraining die beste natürliche Sauerstoff-Therapie**

Tempo ist das Gebot der Stunde. Somit wird Zeit immer kostbarer. Wer kann sich unserem schnellen Leben noch entziehen?

Durch Repetitive Meditation sind wir in der Lage, das Rad dieser Geschwindigkeit anzuhalten. Weil wir im Zustand absoluter Entspannung auf Distanz zur hektischen Aktualität gehen können.

**Repetitive Meditation hält den Zeiger der Uhr an.**

Aber wie? Geh' in die Stille, schließe die Augen, setz' oder leg' Dich entspannt hin und wiederhole – und das immer wieder.

Ständiges Wiederholen, körperlich und geistig, ist das Phänomen des Menschen, das uns in die absolute Stille, in die Entspannung – zurück zur Mitte führt. Und zwar einmal über den Wiederholungsrhythmus der Atmung, zum anderen über den Wiederholungsrhythmus eines Leitsatzes, über wiederholte Strukturen in der Musik oder bildlich über wiederholte Strukturen in der Landschaft.

Die Atmung führt uns über die sogenannte körperliche Leitschiene auf den Körpermittelpunkt zurück. Über die Atmung kommen wir durch innere Sammlung zur Ruhe. Wiederholte Strukturen eines Leitsatzes, der Musik oder Landschaft bewirken über die geistige Leitschiene die Konzentration zur Mitte hin, die sogenannte Fokussierung.

Innerlich stumm bewegte Wiederholungsformeln führen uns geistig zu Ruhe und Entspannung. Wir können über das Einfahren unserer Empfangsantennen alles um uns herum vergessen. Eine neue Form geistigen Joggings. Sie lässt uns kreative Höhenflüge erleben. Stress wird ausgeschaltet. Und für unser gesamtes Denkgebäude trifft das Bild zu: *Still ruht der See.*

---

*Repetitive Meditation – das Fitnessprogramm durch Nichtstun*

*ohne Schweiß, Mühen und Risiko und ohne kurzatmig zu werden.*

---

**Alle Wiegen dieser Welt**

Alle Wiegen dieser Welt funktionieren nach dem gleichen Prinzip der wiederholten Schaukelbewegungen, wodurch Ruhe, Entspannung und Geborgenheit den Babys vermittelt wird. Der Schnuller, unser erstes Fitnessgerät, ist Repetitive Meditation. Unruhige Babys kommen dadurch zur Ruhe.
Diese Art des wiederholbaren Meditationstrainings hat eine hohe gefühlsbetonte Wirkung; sie ermöglicht den Zugang zu unserem vegetativen Nervensystem. Entzieht man Kindern die elterliche Fürsorge oder die mütterliche Liebe, so kommen

sie in Waisenhäusern dadurch zur Ruhe, dass sie stehend in ihren Bettchen wippende Körperbewegungen machen. So konnte ich es mehrfach in Waisenhäusern in Saigon während des Vietnamkrieges feststellen.

### Durch Schwingungen zur Ruhe

Tief in unserem Innern ist also die Information gespeichert, dass wiederholte Schwingungen eng verknüpft sind mit Ruhe, Entspannung, Geborgenheit, mit einer umfassenden Form ursprünglichen Antistressmanagements.

Geh' in die Stille, schließe die Augen und konzentriere Dich körperlich auf das wiederholte Atemmuster – und geistig auf Dein ganz persönliches wiederholtes Sprachmuster.

Dieses Sprachmuster kann der Zweizeiler Ihres Lieblingsdichters sein. Zum Beispiel von Eduard Mörike:

- „Frühling lässt sein blaues Band" – dabei einatmen
- „wieder flattern durch die Lüfte" – dabei ausatmen.

Man kann auch innerlich stumm singen.

In gleicher Weise wird unser Denken auf den zentralen Punkt geführt durch wiederholte Strukturen in der Klaviermusik. Ähnlich wirken Gebetsformeln.

Wiederholende Strukturen bietet uns die natürliche Landschaft am Meer. Denken wir nur an das endlose Hin-und-Her der Wellen. Es versetzt uns in eine ganz besondere Stimmung. Genau wie ein wogendes Kornfeld.

*Ein wogendes Kornfeld vermittelt Ruhe und Entspannung durch repetitive Schwingungsbilder.*

In der Wüste strahlen Wellenstrukturen Ruhe und Entspannung aus. Ebenso wie das sanfte Hin-und-Her einer schaukelnden Hängematte zwischen zwei Bäumen – wobei die Gedanken vorüberziehenden Wolken folgen können.

*Meditative Entspannung kann der Mensch durch repetitive Schwingung auf einer Hängematte erleben.*

*Visuelle Entspannung durch die repetitiven Strukturen einer Dünenlandschaft.*

Die Wirkung wiederholbarer Strukturen auf uns Menschen ist gewaltig. Sie ist der innere Kick.

Die einfache Botschaft lautet: „Geh' in die Stille, atme und wiederhole, das ist alles. Und Du wirst auf folgende Art und Weise beschenkt."

- Die Energie verbrauchende und schnelle Brustatmung geht auf die Energie schonende langsame Zwerchfellatmung über.
- Wir erleben eine umfassende Muskelentspannung auf andere Art und ohne Trainingsaufwand.
- Sorgen und Ängste, negative Gedanken werden ausgeblendet und machen einer neuen Gedankenfreiheit Platz, einer neuen Form gesteigerter Kreativität.
- Die Zeit ist nicht mehr das Maß aller Dinge. In der Meditation bleibt die Zeit praktisch stehen.

## Beruhigungsnerv gegen Kampfnerv

Wiederholbares Meditationstraining ist ein neu zu entdeckendes, all umfassendes Stressmanagement. Wobei Stress und Leistung unser vegetatives Nervensystem auf Trab bringen, so dass in unserer schnelllebigen Zeit praktisch nur noch der Kampfnerv (Sympathikus) das Sagen hat.

*Repetitives Meditationstraining hemmt unseren Kampfnerven (Sympathikus) und verstärkt die Wirkung des Beruhigungsnerven (Parasympathikus).*

Unser Innenleben – Atmung, Herzschlag, Verdauung, unser ganzes Denken und Fühlen – ist in einem ständigen Hin-und-Her oder Auf-und-Ab.
*Wir sind entweder himmelhoch jauchzend oder zu Tode betrübt.*

Alles im Leben ist zweipolig. Freude wechselt mit Trauer, auf Anspannung folgt Entspannung. Unser Herz kann dadurch sauerstoffreiches Blut transportieren.

Nur so ist Leben überhaupt in seiner ganzen Dynamik zu verstehen. Ebenso befindet sich unsere innere Stimmung auf einer ewigen Berg- und Talfahrt. Und unser Gefühlsleben schwankt ständig zwischen „in the mood" auf der einen Seite und tief traurig und lustlos auf der anderen Seite hin und her, wobei dieser Wechselvorgang ganz entscheidend vom Kampf- und Beruhigungsnerven unterhalten wird.

## Kampfnerv bringt Power

Er steuert unsere Dynamik, lässt die harten Muskeln spielen, peitscht den Blutdruck in die Höhe und führt uns nicht selten in die leistungsbegrenzende Kurzatmigkeit.

Unter der Regie dieses Kampfnerven wurde die Eiger-Nordwand bezwungen, hat Kolumbus die neue Welt entdeckt und Neil Armstrong als erster Mensch den Mond betreten.

### Beruhigungsnerv bringt neue Kraft und Energie zurück

Er entspannt eine überbeanspruchte Muskulatur, beruhigt Herzschlag und Atmung. Er sorgt aber auch dafür, dass geordnete und freie Gedanken im Sinne einer schöpferischen Kreativität von uns Besitz ergreifen können. Durch ihn zerrinnt uns die Zeit nicht zwischen den Fingern.

### Repetitive Meditation, als schöpferische Pause – der Knüller am Arbeitsplatz und auf Reisen

*Das Repetitive Meditation-Fitnessprogramm hilft uns, die ganze Fülle dieses Beruhigungsnervs, der so wichtig ist für uns, zu erleben. Repetitive Meditation steht für Leistung, Gesundheit und Wellness in allen Lebenslagen.*

## 5 TIPPS FÜR REPETITIVE MEDITATION

15 Minuten Schlaf am Arbeitsplatz, um das biologische Tief um 13 Uhr auszugleichen.

Um Wartezeiten am Airport, Bahnhof oder anderswo zu überbrücken und in eine schöpferische Pause zu verwandeln.

Durch 15 Minuten Schlaf bei langen Autofahrten. 40 % aller Verkehrsunfälle sind auf Übermüdung zurückzuführen.

Um nächtliche Schlafpausen zu gestalten unter gleichzeitiger Nutzung dieser neuen Kraftquelle.

Nach körperlicher Belastung mit deutlicher Abkürzung der Regenerationsphase.

*Ausdauertraining und repetitives Meditationstraining (Meditation & More) zusammen sind die beste Vorbeugung für das gesamte Herz-Kreislauf-System und die höchste Stufe einer natürlichen Sauerstoff-Therapie. Sie sind das Wellness-Geheimnis mit stärkster Wirkung auf Herz, Gehirn und den ganzen Organismus. Und zwar weil die Sauerstoffleitungen (Arterien) auf diese Weise bis ins hohe Alter elastisch gehalten werden können. Alter, Leistung, Gesundheit und Jugend werden im Wesentlichen von der Elastizität der Arterien festgelegt.*

# Meditation & More
## ... besonders wichtig bei Männern

Vorbeugung ist besonders für Männer angesagt. Ausdauertraining ist ihr wichtigster Hebel zur Prävention von männerspezifischen Erkrankungen, denn *zwischen dem 30. und 65. Lebensjahr sterben sechs Mal mehr Männer als Frauen. Insbesondere an Herz-Kreislauf-Erkrankungen.*

Viele Männer gehen sorglos mit der Vorsorge um. Sie bezahlen dies mit einer ca. zehnjährigen Lebenszeitverkürzung.

Die neue Männermedizin suggeriert eine Heilsbotschaft, speziell basierend auf einem gezielten Hormonersatz.

... Antiagingmittel wie DHEA (Dehydroepiandosteron), eine Vorstufe des männlichen Hormons Testosteron, das den Alterungsprozess aufhalten, Sexualität verbessern, Fettpolster beseitigen und das Herzinfarktrisiko verringern soll

... das Wachstumshormon Somatropin soll für vermehrte Muskelkraft, Spannkraft und Vitalität sorgen

... das Hormon der Zirbeldrüse Melatonin verbessert die Einschlafphase und soll angeblich den Alterungsprozess aufhalten.
Toll, wenn dieses Versprechen einzulösen wäre! Aber seriöse Daten hierfür liegen bis heute nicht vor – im Gegenteil. DHEA soll sogar eine vermehrte Anfälligkeit für hormonabhängige Tumoren wie Prostatakrebs bewirken können. Melatonin ist immer noch zu wenig erforscht, eine nachgewiesene Wirksamkeit auf die Entwicklung freier Radikaler, die im wesentlichen den Verschleißprozess im Alter steuern, ist nicht bewiesen.

Eindeutig belegt sind folgende Antiaging-Wirkungen im Sinne der Prävention (Grundlage dieses Buches):

- Das Jahrhundertpräparat Ausdauer mit exzellenter Wirkung gegen Schlaganfall und Herzinfarkt. Wichtig für Männer, da diese häufiger als Frauen hiervon betroffen sind.
- Superprävention auf dem Herz-Kreislaufsektor durch die Kombination von Ausdauertraining mit repetitivem Meditationstraining (Meditation & More).
- Geistiges und körperliches Jogging zum Training des Neuzeitgedächtnisses – und das ein Leben lang.
- Elastizitätstraining und gezieltes Antagonistentraining zur Vermeidung von schmerzhaften Muskel- und Gelenkerkrankungen sowie von Gelenkarthrosen und Osteoporose.

# Schlafen macht schön
## ...und mit Schwung in den neuen Tag

Schlafmangel dagegen ist leistungsmindernd und macht alt. Schon vier Stunden Schlaf zu wenig beeinträchtigen den Kohlenhydratstoffwechsel mit gleichzeitigem Anstieg der Stresshormone. Außerdem wird das gesamte Herz-Kreislaufsystem beeinträchtigt.

*Gesunder Schlaf indes fördert das Wachstumshormon und baut Stress ab. Er macht gesund und schön.*

Die Computer- und Technologiegesellschaft macht nicht nur bewegungsarm sondern auch schlafarm. Noch vor 100 Jahren schliefen Menschen im Schnitt zwei Stunden länger pro Nacht. Wieviel Schlaf muß es denn heute sein?

---

*7 bis 8 Stunden Schlaf im Durchschnitt – und das nicht nur am Wochenende!*

---

8 Stunden und mehr ist für den Menschen zuträglich und zwar regelmäßig. Ein chronisches Schlafdefizit lässt sich nicht durch ein- oder zweimaliges längeres Schlafen ausgleichen.

## Tipps für Sie

Drei Stunden vor dem Schlafengehen eine leichte Mahlzeit einnehmen – kalorienarm und mit viel Kohlenhydraten.

Gelegentlich zwei – aber nicht mehr! – Glas Rotwein oder Bier sind beruhigend und schlaffördernd.

Milch entspannt durch den Calciumanteil.

Beruhigende Naturprodukte: Baldrian, Melisse, Hopfen, Kamille, Johanniskraut als Aufguss oder Badezusatz.

Die letzten Stunden des Tages behutsam ausklingen lassen. Mit entspannender Literatur oder Musik. Die letzte Stunde möglichst ohne Fernsehen.

Ein 15 – 30minütiger Spaziergang am Abend in der Dreierschritt-Nasenatmung wirkt ausgleichend und schlaffördernd.

### Wie und wo schläft man am besten?

- Schlafzimmertemperatur um 16 Grad C. Oberes Fenster geöffnet. Bettabstand vom Fenster ca. 2 bis 3 Meter.

- Bettdecke schweißregulierend und kälteabweisend. Inhalt des rechteckigen Kopfkissens: Hirse- oder Dinkelspreu oder Styroporkügelchen). Bei Bauchlage kein Kopfkissen benutzen!

- Federungskomfort durch einteilige Matratze und Lattenrost. Hochstellen des Kopf- und Fußteils vermeiden, weil es bei Seitenlage zu einer ungünstigen Bandscheibenbelastung kommt.

- Für Leseratten empfiehlt sich ein zusätzliches Lesekissen, das bei Rückenlage auf dem Bauch liegt und dem Buch Platz bietet, damit Nacken, Schultern und Arme entspannt gehalten werden können.

### Mit Schwung in den Tag

Immer langsam voran – wenn der Wecker klingelt, nicht gleich aus dem Bett springen, denn Rücken und Gelenke sind auf einen solchen Explosionsstart nicht vorbereitet. Deshalb:

### Startgymnastik im Bett

- Mit Rückenrodeo: 15 bis 30 mal Beckenboden und Rückenmuskulatur im Wechsel mit leicht angezogenen Knien anspannen.

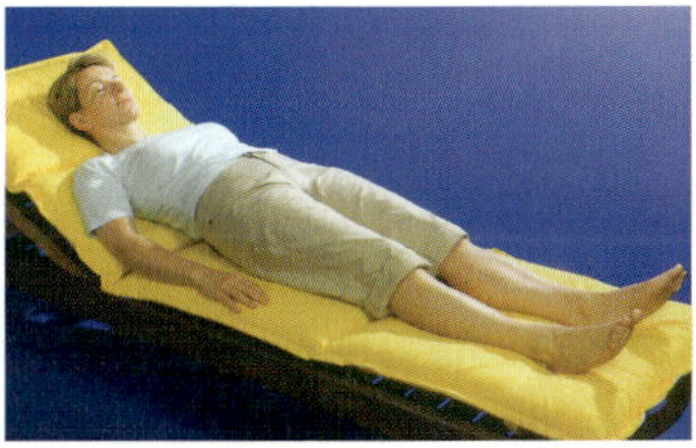

### Außerdem

- „Saigonhocke" im Liegen. Mindestens 7 Sekunden mit beiden Unterarmen die Knie zur Bauchwand ziehen und den Kopf anheben.

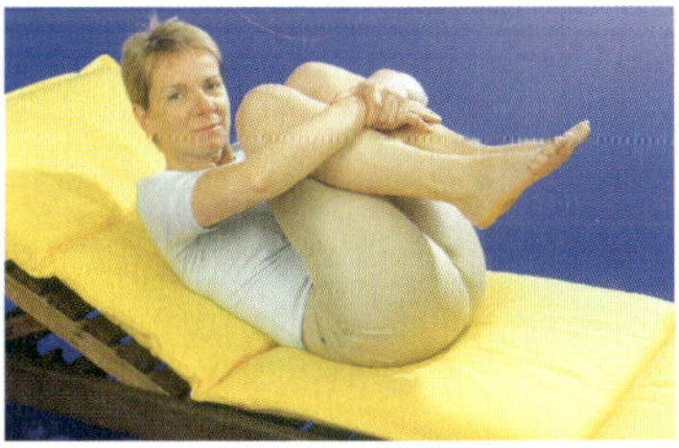

- Aus dieser Position heraus mit zur Seite gestreckten Armen langsam und vorsichtig beide Kniegelenke einmal zur linken und einmal zur rechten Seite legen.

- Storchenbeinposition im Liegen (Seitlage). Das obere Bein vom Fuß her bei max. Hüftstreckung und Kniebeugung nach hinten ziehen. Mindestens 7 Sekunden. Dann die andere Seite.

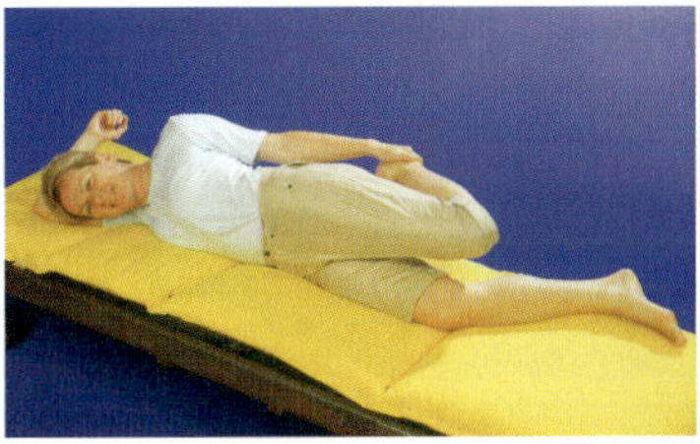

- Sie stehen besonders rückenschonend auf, wenn Sie sich von der Seitlagerung durch Abstützen des Oberkörpers mit dem oberen Arm erheben.

- Vor dem Bett Wirbelsäule mindestens 7 Sekungen über dem Ellbogensitz aushängen (am Tag mehrmals wiederholen!).

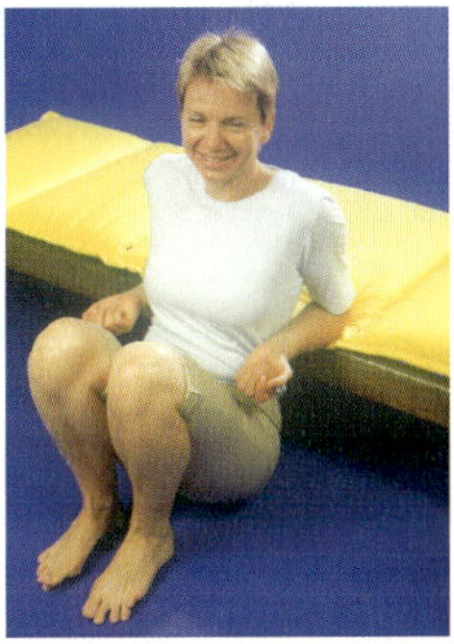

- Kreislauf-Anschub: 5 Minuten lang auf der häuslichen Treppe rückwärts hoch und rückwärts runter gehen (siehe Seite 44).

*Wer diese Übungen beachtet, startet fröhlich und gesund in den Tag.*

# Jung bleiben kann man lernen

## Die neue „Formel 1“ für Gesundheitsförderung

Der Mensch ist so jung, wie seine Blutgefäße elastisch sind. Sie garantieren eine optimale Sauerstoffversorgung des Körpers. Beste Vorsorge und maximale Energieversorgung erreichen Sie durch:

Tägliche Aktivierung der Beine, mindestens 30 Minuten und danach 15 – 20 Minuten Repetitive Meditation. Meditation & More entfaltet seine umfassende Entspannungswirkung, besonders bei verspannter Muskulatur, wenn es direkt mit dem Intensivstretching verbunden wird.

## Zehn Regeln für ein langes Leben in jugendlicher Frische

1. Bewege täglich Beine und Arme über mindestens 30 Minuten und atme tief per Nasentechnik über drei Schritte ein und aus.
2. Rolle rücken- und gelenkschonend beim Gehen und Laufen in der Formel 1-Technik ab.
3. Dehne und entspanne Dich nach Belastungen und bei jeder Gelegenheit nach der Intensiv-Stretchingmethode und motiviere Dich nach dem Motto „Stretching ist reinstes Vergnügen“.
4. Stärke einmal täglich über mindestens fünf Minuten die Muskelpartien, die im modernen Leben vernachlässigt werden durch das Strecker- oder Antagonistentraining.
5. Sorge für einen geruhsamen Nachtschlaf über mindestens acht Stunden.
6. Genieße in Muße dreimal täglich lebendige faserreiche und kohlenhydratbetonte Mischkost. Vermeide ein Überangebot an tierischen Fetten.
7. Trinke pro Tag mindestens zwei Liter kalorienfreie Flüssigkeit, wobei Kaffee und Schwarztee nicht zählen. Gelegentlich zwei Glas Bier oder Wein sind Medizin.
8. Geistiges Jogging trimmt das Neuzeitgedächtnis, insbesondere ein Finger-Training hält das Gedächtnis in Schwung.
9. Super-Vorbeugung für den gesamten Körper erreicht man durch die Kombination von Repetitiver Meditation und Ausdauertraining.
10. Erklären Sie sich den Sinn Ihres Lebens und erhalten Sie sich bis ins hohe Alter ein kindliches Gemüt. Haben Sie Mut zur Veränderung. Lachen und singen Sie viel.

## Kann man Glück trainieren?

*Ja, man kann!* Zwar wird Glück oft mit Schicksal gleich gesetzt. Weil es unkontrolliert von außen kommt und auf uns Einfluss nimmt. Es gibt aber auch ein Glücksgefühl, das von innen heraus kommt. Auch wenn deren Wurzel ebenso wenig zu benennen ist, weisen neuere Studien aus, dass die momentane körperliche Verfassung einen wesentlichen Einfluss darauf nimmt, ob wir gut oder schlecht drauf sind. Also ob wir glücklich oder nicht glücklich sind.

Dazu der Stimmungsforscher Robert Taylor von der kalifornischen Universität Long Beach:

### Entspannt – müde

Die Energie ist verbraucht nach geistiger und körperlicher Arbeit. Wir fühlen uns müde und sind abgearbeitet. Doch so lange wir uns dieser Müdigkeit hingeben können, besteht keine Gefahr, in ein „Ausgebranntsein“ abzurutschen.

### Entspannt – energisch

„Wir sind körperlich ausgeruht und voller Energie. Der Energietank ist vollgefüllt und jeder Zeit kann eine hohe körperliche und geistige Leistung abgefordert werden. Entspannt sind wir voller Kraft, Zuversicht und Glück. Wir sind einfach „in the mood“.

### Angespannt – energisch

Wir sind zwar energiegeladen, aber dauernd angespannt. Leistungs- und Termindruck verhindern ein klares Denken und lassen die Muskeln verkrampfen. Der Herzschlag ist beschleunigt und die Konzentrationsleistung gemindert. Dieser Zustand entspricht am besten der heutigen Lebens- und Arbeitsweise. In dieser Situation wird Glück nicht mehr wahrgenommen. Und die Stimmung kann jeder Zeit in ein Tief abrutschen.

### Angespannt – müde

Alle Energiereserven sind verbraucht. Die Spannung hält an und wir sind schlecht drauf. Man ist ausgebrannt. Ein nervöser *Erschöpfungszustand,* der nicht selten in der Depression endet.

### Stimmungen sind ein Abbild unserer körperlichen Verfassung

Egal, ob sie positiv oder negativ sind. Wir sind gut gelaunt und glücklich, wenn wir über ausreichende Energiereserven verfügen und voll entspannt sind.
Bei angespannter Müdigkeit indes nutzen kaum positive Appelle wie „Du wirst es schon schaffen, es ist ja alles nicht so schlimm.“ Diese Aufheiterungen werden vom Betroffenen kaum wahr genommen. Wenn wir uns körperlich abgeschlagen fühlen, ergreifen auch gleichzeitig negative Gedanken von uns Besitz.

## Unser positives und negatives Denken ist eng verbunden mit unserer körperlichen Verfassung

Von Natur aus sind wir lustorientierte Wesen. Stets darum bemüht, möglichst lange gut drauf zu sein. Stimmungsaufhellend wirken somit alle körperlichen Techniken, die in der Lage sind, Stress abzubauen und Spannungsfelder auszugleichen.

## Aktives Glücksmanagement ist Ausdauertraining, Intensivstretching und Meditation in einem

Geh' in die Stille, schließe die Augen und wiederhole einen für Dich positiven Begriff oder einen Musikteil immer wieder. Synchronisiere diesen Wiederholungsvorgang mit der Ein- und Ausatmung – und das mindestens über 15 Minuten.

Auf diese Weise können wir uns von der lauten Welt abkoppeln und Sorgen und Ängste in einem negativen Denken ausblenden. Unsere wirren Gedanken kommen zur Ruhe. Aus dieser inneren Ruhe sind wir jeder Zeit in der Lage, neue Gedanken zu fassen.

Diese spezielle Form der Meditation ist praktisch ein Training durch Nichtstun und wir werden ohne Leistung beschenkt.

### 1. KÖRPERLICHE KOMPONENTE

Ausdauertraining im moderaten Bereich über mindestens 30 Minuten als optimaler Ausgleich gegen Stress. Intensivstretching zum Abbau schmerzhafter muskulärer Gelenkverspannungen als Folge einseitiger Gelenkbelastungen.

### 2. GEISTIGE KOMPONENTE

Abbau von Sorgen und Ängsten durch das wiederholende Meditationstraining (RMT). Training des Neuzeitgedächtnisses in der Kombination von Ausdauertraining und geistigem Jogging.

### 3. SOZIALER FAKTOR

Pflegen Sie Kontakt mit anderen Menschen. Das stärkt das Vertrauen und schafft Solidarität mit Aufgehobensein und Geborgenheit. Pflegen Sie Gemeinschaft und nutzen Sie positive Gespräche und die Gunst der Stunde.

## 4. DAS ORDNUNGSPROGRAMM

Sorgen Sie jeden Tag dafür, dass Sie immer den Durchblick behalten. Ordnen Sie Ihr Tagesgeschehen und schieben Sie keine Entscheidungen auf.

## 5. WOZU STATT WARUM

Planen Sie Ihr Leben lösungsorientiert und nicht problemorientiert. Fragen Sie nicht ständig nach dem „Warum", sondern vielmehr „Wozu war diese Sache gut für mich? Auf welche Art und Weise kann ich die Probleme lösen, und wie kann ich sie in Zukunft verhindern?"

## 6. DIE ARBEITSFRAGE

Arrangieren Sie sich mit Ihrer Arbeit und konzentrieren sich auf alle körperlichen Aktivitäten. Gewinnen Sie auch einem tristen Arbeitsvorgang etwas Positives ab. Denn Menschen, die bei der Arbeit ständig auf die Uhr schauen, stehen unter Stress.

## 7. DER ABENTEUERFAKTOR

Ordnung und Kontrolle im Leben sind wichtig. Aber wir Menschen leben auch vom Überraschungseffekt. Ein bißchen Chaos braucht der Mensch, wenn er glücklich und gesund bleiben will. Nicht der Komfort darf die entscheidende Rolle spielen. Erinnern Sie sich: „Hunger ist der beste Koch."

## 8. DER MEDITATIONSEFFEKT

Genießen Sie die Stille und lernen Sie wieder, die Stille auszuhalten. Die Kraft kommt aus der Stille. Und Meditation ist der Weg in diese Richtung. So konzentrieren Sie Ihr Denken auf einen Punkt. Die Zeit bleibt stehen und Sie genießen den Augenblick.

## 9. DER ZIELFAKTOR

Setzen Sie sich im Leben Ziele. Ziele für den Tag oder für längere Zeitabschnitte. Glückliche Menschen haben immer ein Ziel vor Augen. Sie leben von einer Vision.

## 10. DANKBARKEIT

Greifen Sie nicht immer nach den Sternen. Freuen Sie sich über die kleinen Dinge des Lebens und seien Sie dankbar dafür. Damit verstärkt sich die Wahrnehmung für die Sonnenseiten des Lebens, und eine gute Stimmung stellt sich ein.

## 11. DER SINNFAKTOR

Wer seinem Leben einen Sinn gibt, lebt gesünder und glücklicher. Der persönliche Glauben gibt dem Leben wieder einen Sinn und jedem Einzelnen das Gefühl der Geborgenheit in der Gemeinschaft.

## 12. DIE SCHLAFKOMPONENTE

Der Nachtschlaf sollte ausreichend sein. Ausgeruhte Menschen sind fröhlicher und glücklicher. Schlafpausen nutzen, um das repetitive Meditationstraining und die wohltuende tiefe Entspannung des Beruhigungsnerven genießen zu können.

KIRSTEN SCHNACK

# Essen & Trinken mit Genuss
## Gesundheitspower durch richtige Ernährung

Die frohe Botschaft bereits im Vorwege, Sie können sich satt essen und nehmen trotzdem ab – allerdings kommt es auf die richtige Auswahl an.

Genießen Sie 3 Mahlzeiten pro Tag, verwöhnen Sie Ihre Sinne und lassen sich beim Essen sehr, sehr viel Zeit.

Bedenken Sie, dass Essen ein leiblicher Genuss mit emotionalem Vergnügen ist, schlucken Sie daher die wohlschmeckenden Bissen nicht prompt nach unten, spielen Sie mit den Köstlichkeiten möglichst lange zwischen Mund und Zunge und geben Sie Ihren Zähnen ausreichend Gelegenheit, ihre Mahlfunktion zu beweisen. Kauen Sie jeden Bissen daher so lang wie möglich.

**Beißen und kauen Sie nicht nur den Wein, sondern genüsslich auch jeden Bissen**

Und ganz nebenbei trainieren Sie so Ihr Neuzeitgedächtnis, weil die Repräsentationsfläche des Mundes auf dem motorischen Areal des Gehirns relativ groß ausgelegt ist, so dass über eine intensive Mundaktivität die nervliche Rückkoppelung zum zentralen Nervensystem gesteigert wird (s. Abb. Seite 62).

Zunächst möchten wir mit einem weit verbreiteten Vorurteil aufräumen. Kartoffeln, Brot, Nudeln und Reis machen nicht dick. Bei diesen Nahrungsmitteln handelt es sich nicht um Dick- sondern sogar um Fitmacher.

**Kartoffeln, Brot, Nudeln, Reis, Obst und Gemüse sind keine Dick- sondern Fitmacher.**

Sie enthalten besonders viele komplexe Kohlenhydrate, d. h. Mehrfachzucker, die von der arbeitenden Muskulatur leicht und energiefördernd verarbeitet werden können. Auf diese Weise tragen sie zur

Verbesserung der allgemeinen Stoffwechselsituation im Körper bei, die wesentlich von der Aktivität der Muskelzelle unterhalten wird. Komplexe Kohlenhydrate geben uns somit regelrechten Superkraftstoff, der den gesamten Bewegungsmotor (Muskulatur und Herz) auf hohe Fahrt bringt und über diese Stoffwechselaktivierung schmilzt das leistungsmindernde Fett in seinen Depots.

## Fett verbrennt intensiv im Feuer der Kohlenhydrate

Kartoffeln, Nudeln, Reis, Brot, Obst und Gemüse stellen also die Basis unserer Ernährung dar, sie füllen zudem optimal den Magen, machen uns lange satt und das ohne Magendrücken und ohne das lästige Völlegefühl, wie wir es nach einer fett- und eiweißreichen Mahlzeit kennen.

Komplexe Kohlenhydrate sind Mehrfachzucker, die im Organismus zu Einfachzuckern verarbeitet werden. Essen wir genügend von dieser Nährstoffgruppe (60 – 70 %), so sind wir nicht nur länger satt und leistungsbereiter, wir befriedigen auch den Hunger nach allem Süßen, weil der Einfachzucker ja im Körper schon aus diesen Mehrfachzuckern gebildet wurde.

## Komplexe Kohlenhydrate machen uns satt über Stunden und nehmen uns den Appetit auf fette und süße Dickmacher

Komplexe Kohlenhydrate sind nicht nur leistungssteigernd, sondern wirken auch beruhigend, ja sie sind ein regelrechtes Einschlafmittel, denn wenn man sie abends genießt, werden dem Gehirn die schlaffördernden Substanzen Serotonin und Melatonin zur Verfügung gestellt.

In diesem Zusammenhang können wir durchaus von anderen Kulturen lernen. In vielen asiatischen Ländern wird über das hohe Reis- und Gemüseangebot ein großer Anteil von komplexen Kohlenhydraten garantiert, mit dem Ergebnis, dass hier Herz-Kreislauferkrankungen gegenüber westlichen Ländern seltener anzutreffen sind und somit Herzinfarkt und Schlaganfall nicht die latente Bedrohung wie bei uns darstellen. Lassen Sie sich jedoch beim Brot und beim Kuchen nicht von der hellen Farbe des Auszugmehls täuschen. Eine Maus wäre in einem Sack mit Auszugsmehl dem Tode ausgeliefert, sie würde verhungern, dabei gilt diese Aussage ebenso für uns Menschen. Beim Getreide kommt es neben dem Keimling insbesondere auf die Hülle des Korns an, denn hier befinden sich lebenswichtige Vitamine.

Neben den wichtigen Vitaminen sind für uns Menschen die faserreichen Ballaststoffe entscheidend für Gesundheit und Wohlbefinden. In unserem einseitigen Denken waren wir jedoch auf Verfeinerung und Kultivierung dieses Grundnahrungsmittels Brot bedacht, entwickelten und konstruierten Mühlen, die immer feiner und heller mahlten und so ganz nebenbei die Vitaminbomben in der Hülle vernichteten. Erst relativ spät konnten wir diesen Irrweg am eigenen Leibe erfahren, denn es stellten sich nicht nur Vitaminmangel sondern auch automatisch Verdauungsstörungen ein. Auf dem Umweg über Drogerie und Apotheke war der Mensch dann bereit, die zunächst weggeworfenen Ballaststoffe in Tablettenform für teures Geld wieder zu erwerben, weil eben unsere gesamte Verdauung auf die natürliche Schubkraft dieser Fasern angewiesen ist.

### Ballaststoffe, Obst, Gemüse und Wasser sind die gesundheitsfördernde Schubkraft der Verdauung

Neben der Superkraftstoffwirkung der KH, möglichst in faserreicher Form, ist Wasser also eine Kraftquelle, auf die jede Körperzelle angewiesen ist. 2 – 3 l kalorienfreie Flüssigkeit pro Tag sind angesagt, wobei Tee und schwarzer Kaffee nicht zur Bilanzierung herangezogen werden können. Bedenken Sie bitte, dass insbesondere Kaffee ein Wasserausschwemmer ist, denn Sie verlieren mehr Flüssigkeit, als Sie mit dem Kaffee aufnehmen. Mineralwasser ist nicht gleich Mineralwasser, achten Sie auf möglichst 1000 mg gelöste Mineralstoffe pro Liter, auf diese Art werden nicht nur die Muskeln, sondern auch das Denken angeregt. Nehmen Sie die Flüssigkeit aber möglichst gleichmäßig verteilt über den ganzen Tag und nicht als Einmalportion am Morgen oder Abend.

### Wasser ist zum Trinken da – möglichst 2 bis 3 Liter gleichmäßig über den Tag verteilt

Superkraftstoff Kohlenhydrat und Wasser bringen auch Ihr rechtes und linkes Bein auf Trab und das möglichst täglich über 30 Minuten. Zu Ihrer Beruhigung lassen Sie die Bewegung sachte angehen und walken, joggen, radeln Sie möglichst in moderater Form, so dass Sie sich in jeder Belastungsstufe noch unterhalten können und somit ein Training in der sauerstoffreichen Trainingszone gewährleisten.

---

*Komplexe Kohlenhydrate, ausreichende Wasserversorgung und die Aktivität des rechten und linken Beines in moderater Form über möglichst 30 Minuten bringt jedes Fettpolster zum Schmelzen.*

---

Meiden Sie die vielen kleinen süßen und fetten Zwischenmahlzeiten, sie sind nicht nur der Totengräber Ihrer Zähne, sondern wesentlich an der Entstehung des Altersdiabetes (Typ II) beteiligt, und dieser Anteil steigt in unserer Gesellschaft ständig an. Jede süße Versuchung auf der Zunge peitscht den Blutzuckerspiegel in die Höhe und löst folgerichtig eine Gegenregulation über die Insulinausschüttung aus, denn nur auf diesem Wege kann der hohe Blutzuckerspiegel im Blut wieder heruntergefahren werden. Diese Wellenstrukturen im Blut ermüden jedoch im Laufe der Jahre die Wirksamkeit des Insulins auf die Muskelzelle, so dass wir von einer regelrechten Insulinresistenz sprechen müssen. Darüberhinaus ist das über viele Süßigkeiten provozierte Insulin im Blut ein fettaufbauendes Hormon und steht der Gewichtsregulation im Wege. Hüten Sie sich somit vor den vielen kleinen süßen Versuchungen am Tag, naschen Sie lieber kohlenhydratbetont wie Obst und Gemüse und Sie werden feststellen, dass Sie auf diese Weise den Versuchungen von Schokolade und Torten nicht so leicht erliegen. Eine besondere Gefahr stellt ein ständig optimal gefüllter Kühlschrank dar, dessen Tür besonders häufig bei einem langen Fernsehkonsum geöffnet wird.

### Wann gibt es den Kühlschrank, der nur dreimal täglich zu öffnen ist?

Alle kohlenhydrathaltigen Nahrungsmittel weisen einen glykämischen Index (GI) auf, den es zu beachten gilt – denn je höher dieser Index, um so blutzuckerwirksamer ist das Nahrungsmittel und um so höher ist nach seinem Genuss die Insulinausschüttung!

Der Glykämische Index ist der Maßstab für den Blutzuckeranstieg nach den Mahlzeiten

| | | | |
|---|---|---|---|
| Traubenzucker | 100 | Äpfel | 65 |
| Honig | 90 | Nudeln | 55 |
| Cornflakes | 85 | Vollkornbrot | 50 |
| Haushaltszucker | 70 | Haferflocken | 40 |
| Weißbrot/Kekse | 70 | Hülsenfrüchte | 30 |
| Gek.Kartoffeln/Reis | 70 | Fruchtzucker | 20 |
| Banane (vollreif) | 65 | Frisches Gemüse | 15 |

Neben den Kohlenhydraten lebt unser gesamtes Bewegungssystem aber auch vom Eiweiß – Eiweiß als Baustein des Lebens – aber bitte in Maßen. Bodybuilding ist auch in der Prävention angesagt, allerdings in moderater Form, denn die Figur eines Arnold Schwarzenegger gilt nicht beispielgebend für die Allgemeinheit. 20 – 30 g Eiweiß pro Mahlzeit sind genug, also pro Tag 60 – 90 Gramm. Machen wir es also unseren Großeltern nach, denn in früheren Zeiten gab es auch nicht Fleisch und Fisch im Übermaß. In Deutschland wird aber inzwischen eine regelrechte Eiweißmast betrieben, und seien Sie bitte gewarnt, denn jedes Gramm Eiweiß im Übermaß wird im Körper bei fehlender Bewegung zu Fett umgebaut. Eiweiß ist somit eine klassische Fettfalle und in diesem Zusammenhang gilt es besonders auf die Milchprodukte, auf Käse und Wurstwaren zu achten, in denen das Fett regelrecht versteckt ist.

**Hüten Sie sich vor versteckten Fetten in allen Milchprodukten, im Käse und in der Wurst**

Eiweiß in Form von Fleisch, Fisch, Käse und Wurst ist in Überdosierung nicht nur eine Fettfalle, sondern gleichzeitig auch sehr teuer. Diese Mehrausgabe können Sie vermeiden, wenn Sie geschickt pflanzliches und tierisches Eiweiß miteinander kombinieren.

Es muß nicht immer das teure Steak sein, billig, wohlschmeckend und gesund ist die Eiweißkombination aus Kartoffeln und Milchprodukten, die Kombination von Milch und Getreideprodukten (Müsli, Pfannekuchen) und das Zusammenführen von verschiedenen Hülsenfrüchten (z. B. Bohnen und Mais). Hierdurch erhöht sich jeweils die biologische Wertigkeit der aufgenommenen Eiweißmenge.

**Günstige Eiweißkombinationen**

**Getreide mit Milch**

| | | |
|---|---|---|
| Reis, Weizen, Buchweizen, Hafer, Gerste, Hirse, Roggen | mit | Milch, Sauermilch, Quark, Joghurt, Käse |

*z. B. Vollkornpfannkuchen mit Milch, Müsli mit Milch oder Joghurt, Vollkornnudeln oder Vollkornbrot mit Käse etc.*

**Getreide mit Hülsenfrüchten**

| | | |
|---|---|---|
| Reis, Weizen, Buchweizen, Hafer, Gerste, Hirse, Roggen | mit | Bohnen, Sojabohnen, Erbsen, Linsen, Kichererbsen |

*z. B. Bohnensuppe mit Reis, Hirse mit Kichererbsen, Eintopfgerichte mit Vollkornbrot etc.*

**Getreide mit Eiern**

*z. B. Vollkornpfannekuchen mit Ei, Eiergerichte mit Vollkornbrot etc.*

**Kartoffeln mit Ei oder Milch**

*z. B. Pellkartoffeln mit Quark, Bratkartoffeln mit Eierspeisen, Kartoffeln mit überbackenem Käse*

**Auf den richtigen Eiweiß-Mix kommt es an, so sparen Sie Geld und tanken Gesundheit und Kraft!**

Grundsätzlich gilt es, besonders die Küche in Deutschland zu überdenken, denn – und das haben besonders die Italiener längst festgestellt – wird bei uns zu leichtfertig mit tierischen Fetten umgegangen. Die Nudelgerichte in Italien schmecken nicht nur besser, sie sind auch weniger mit Ölen und tierischen Fetten (Sahnesoßen) angereichert. Die italienischen Köche in Deutschland haben sich leider schon auf die deutschen Gewohnheiten eingestellt und bieten ihre Nudelgerichte in der Regel in zu fetter Form an.

## Wir sollten aber wissen, Fett ist ein Gewürz und kein Nahrungsmittel

20 g Fett pro Mahlzeit sind genug, 60 g pro Tag reichen allemal, so dass Sie sich wohl und leistungsbereit fühlen können. Haben Sie daher ein besonderes Auge auf alle tierischen Fette, wenn sie schon mit dem bloßen Auge erkennbar sind. Tierische Fette sind reich an gesättigten Fettsäuren, die unsere so wichtigen Sauerstoffversorgungsleitungen (Arterien) regelrecht verstopfen. Die Folge dieser sog. Arteriosklerose sind Bluthochdruck und die so gefürchteten Erkrankungen wie Herzinfarkt und Schlaganfall. Die Gunst der Stunde liegt in den einfach ungesättigten Fettsäuren (Ölsäure) wie sie im Olivenöl und Rapsöl reichlich gefunden werden.

## Das dolce vita in der Küche ist der italienische Mix zwischen Spaghetti und Olivenöl

Gehen Sie trotz alledem mit diesen gesunden Ölen sparsam um, denn auch ein gutes Öl ist immer auch ein Kalorienträger und macht in Überdosierung dick.

An Gemüse und Obst kann man sich praktisch nicht überessen, denn für derartige Mengen ist unser Magen einfach zu klein. Haben Sie ein besonderes Augenmerk in der Zusammenstellung Ihrer Gemüse- und Obstsorten und berücksichtigen Sie die Ampel- oder Regenbogenkost, d.h. je farbreicher Gemüse und Obst auf den Tisch kommen, um so größer ist die Gewähr, dass Ihr Vitaminhaushalt stets optimal gefüllt ist – und das auf billige Weise, denn alle künstlichen Vitaminersatzpräparate können nicht das versprechen, was die Natur in natürlicher Form für Sie bereit hält. Beziehen Sie Ihr Obst und Gemüse je nach Saison möglichst auf Ihren örtlichen Märkten, wobei auf kurze Transportwege und auf schonende und schnelle Zubereitung zu achten ist. Wählen Sie in erster Linie Produkte, die reif geerntet wurden und möglichst aus Ihrem Umland kommen.

*Täglich mindestens 5 Portionen Gemüse und Obst sind Gesundheitspower mit Biss. Täglich mindestens 5 – 7 Portionen Getreideprodukte und Kartoffeln stehen der Entwicklung von Zivilisationskrankheiten im Wege!*

Praktische Empfehlung: 1 Portion ist ca. eine Handvoll (z.B. 1 Apfel, 1 Birne, 1 Banane, eine Handvoll Getreideflocken, 1 Stück Brot, 1 Handvoll Salat, 1 Handvoll Bohnen, Erbsen oder Linsen, 1 mittelgroße Kartoffel, 1 Handvoll gekochter Reis usw.) oder 1 Glas gepresster Obst- oder Gemüsesaft. So kommen über den Tag verteilt schnell 10 – 12 Portionen aus diesen Nahrungsgruppen zusammen. Probieren Sie es!

Mitmachen lohnt sich, weil in diesen Portionen mehr Kraft liegt als in allen gekauften Vitaminpräparaten. Diese pflanzlichen Nahrungsmittel liefern uns nicht nur die lebensnotwendigen Vitamine, Mineralstoffe und Spurenelemente, sondern auch die ca. 5000 – 7000 sekundären Pflanzenstoffe, von denen erst einige bekannt sind. Doch diese bilden eine ganze Armee von Kampfstoffen für Ihre Gesundheit.

Die „Ampelkost" bietet uns die größte Chance für eine gesunde Ernährung, da die unterschiedlichen Pflanzenfarben auch verschiedene sekundäre Pflanzenstoffe enthalten. In roten, violetten, blauen und gelben Obst- und Gemüsesorten stecken die **Flavonoide**.

Ihre möglichen Wirkungen:

- Verhindern die Krebsentstehung
- Schützen vor Entzündungen, sind also antiinfektiös
- Wehren Bakterien ab, sind also antibakteriell
- Schützen vor Herzinfarkt und Arteriosklerose
- Regen das Immunsystem an
- Machen aggressiven Sauerstoff unschädlich, sind also antioxidativ.

In den Hülsenfrüchten (z.B. Erbsen, Bohnen, Linsen) und im Spinat stecken die **Saponine** und die **Phytinsäure**.

Ihre möglichen Wirkungen:

- Reduktion von Krebserkrankungen
- Wirken antimikrobiell und antioxidativ
- Senken Blutzucker, aber auch Cholesterin.

Darum wieder häufiger Eintopf auf den Tisch, denn neben den sekundären Pflanzenstoffen finden sich leicht verdauliches Eiweiß, Ballaststoffe und massenhaft komplexe Kohlenhydrate, die den Blutzucker nicht übermäßig ansteigen lassen.

Die **Glucosinolate** sind in Kohlarten, wie Brokkoli, Blumenkohl, Kohlrabi, Rettich, Radieschen anzutreffen. Sie machen den typischen Geruch, die Schärfe und den Geschmack von Senf und Meerrettich aus.

Ihre möglichen Gesundheitswirkungen:

- Vorbeugung gegen Darmkrebs
- Sind antibakteriell und entzündungshemmend.

In Zwiebeln, Knoblauch, Schnittlauch, Porree finden wir die **Sulfide**, die einen intensiven scharfen Geruch und Geschmack haben.

Diese Stoffgruppe:

- Hemmt die Krebsentstehung und wirkt antioxidativ
- Fördert die Verdauung
- Kann vor Herzinfarkt schützen
- Senkt den Cholesterinspiegel
- Regt die körpereigene Abwehr an

Die bekannteste Gruppe der sekundären Pflanzenstoffe sind die **Carotinoide**. Sie geben Obst und Gemüse ihr rote, gelbe oder orangerote Farbe wie in Aprikosen, Tomaten, Karotten, Melone, Paprika. Auch hier finden wir eine umfassende Gesundheitswirkung, wie:

- Hemmung der Krebsentstehung
- Abwehrsteigerung
- Schutz vor Herzinfarkt
- Ausgleichend bei radikalen Sauerstoffmolekülen

In der Tomate zusätzlich der rote Farbstoff **Lykopin**, dem krebssenkende Wirkung zugesprochen wird. Soll jedoch hauptsächlich in der gedünsteten Tomate zur Auswirkung kommen.

# Die Ernährungspyramide

1

**Kohlenhydrat- und ballaststoffreich**

Brot, Kartoffeln, Nudeln, Reis, Cerealien, Getreide, Hülsenfrüchte

2

**Vitamin- und ballaststoffreich**

Äpfel, Bananen, Weintrauben, Erdbeeren, Grapefruit, Zitronen, Kiwi, Ananas, Wassermelone, Paprika, Gurken Tomaten, Spargel, Stangensellerie, Salat, Aubergine, Zucchini

3

**Eiweißreich**

Hühnchen, Fisch, Schwein, Rind, Kotelett, Joghurt, Tofu, Milch

4

**Süßigkeiten und Öle**

Eis, Kuchen, Fette, Öle, Schokolade

© 2001 Deutsche Gesellschaft für Präventivmedizin. Dr. med. Dipl. oec. troph. Ursula Bonacker

HERMANN RAUHE

# Mit Musik gesund bleiben!
## Musik wirkt Wunder

Musik spielt für die Gesunderhaltung eine besondere Rolle. Warum? Weil der Mensch rhythmisch-musikalisch programmiert ist. Viele grundlegende Körperfunktionen sind rhythmisch gesteuert. Vom rhythmischen System unseres Körpers hängt unsere Gesundheit ab.

### Deshalb prägt Rhythmus unser Leben

Nehmen wir das Herz. Durch Anziehung und Abstoßung des Blutes entsteht ein Kreislauf. Er bildet die Grundlage unseres Lebens. Steht diese „Herzuhr“ still, ist unsere Lebenszeit beendet.

Ebenso ist das Atmen mit dem Zusammenziehen und der Dehnung der Lunge, sowie dem Pumpen frischen Sauerstoffs rhythmisch geprägt. Das ist genauso lebenswichtig wie der Herzschlag und außerdem seelisch bedeutsam! Wir müssen atmen, wenn wir sprechen und singen wollen.

### Wer singt, bleibt jung und gesund

Yehudi Menuhin sagte: „Singen ist die erste und universelle Muttersprache aller Menschen.“ Denn:

- Singen macht uns zum Klangkörper.
- Singen bringt Körper, Seele und Geist in Schwingung.
- Singen beseelt und bewegt.
- Singen bringt den Menschen mit sich selbst in Einklang.
- Singen harmonisiert Körper, Geist und Seele.
- Singen verbindet Menschen miteinander.
- Singen befreit aus Zwängen, Isolation und Einsamkeit.

### Musik bringt den Menschen in Bewegung

Neben dem Singen ist es das Tanzen, das viele Menschen beglückt. Tanzen hält fit und gesund. Die Musik bringt den ganzen Menschen in Bewegung und schafft Kontakt zur Partnerin oder zum Partner.

Viele haben sich beim Tanzen, oft in der Tanzstunde, kennen und lieben gelernt. Ihre Herzen öffneten sich, wenn die Lieblingsmelodie gespielt wurde. Für sie wurde die Musik zur Musik ihres Lebens – und begleitete sie fortan. Sie geraten in Hochstimmung. Schöne Erinnerungen an glückliche Zeiten werden wach, wenn sie ihre Lieblingsmelodie – oft nach vielen Jahren – wieder hören.

## Musik wirkt Wunder

Aber nicht nur Singen und Tanzen kann gesund erhaltend wirken. Auch das aktive Hören von Musik kann Wunder wirken. Weil eine enge Verbindung besteht zwischen dem Gehörten und dem „Limbischen System", also der Gefühlsebene. Dabei ist die akustische Verbindungsschiene vom Ohr zur rechten Hirnhälfte besonders intensiv und attraktiv, zumal das Gehörsystem außerordentlich empfindsam ist. Die Hörzellen reagieren schon auf Reizenergien, die rund zehn Millionen mal kleiner sind als bei Berührungsreizen.

## Musik motiviert

Das zeigen zum Beispiel klinische Untersuchungen bei der neurologischen Rehabilitation von Schlaganfallpatienten. Und zwar besonders dann, wenn lebensgeschichtlich bedeutsame Musik ausgewählt wurde.

Ihre Wirkung bewegt sich zwischen Antrieb (Motivation) und Entspannung (Meditation). Sie erfasst Körper, Geist und Seele zugleich. Darauf beruht ihre bewegende und befreiende, helfende und heilende, entspannende und entkrampfende Funktion.

Wenn wir beim aktiven Musikhören oder Musizieren unsere (manchmal verborgene) angeborene Musikalität freisetzen, mit der Musik mitschwingen, mobilisieren wir die in uns schlummernden Heilkräfte.

Was den Antrieb (Motivation) angeht, so gibt es spezifische musikalische Strukturen. Zum Beispiel der motorisch, pulsierende Grundschlag, der als Schrittmacher für den rhythmischen Einsatz des rechten und linken Beins dient.

## Welche Musik?

Antriebsfördernd sind Tanzmusik, Folklore, Rock- und Popmusik. Aber auch populäre Stücke der „Klassik", vom Barock bis zur Moderne.

Zu den antriebsfördernden Strukturen gehört die Synkope. Das ist die Verlagerung einer Betonung auf einen unbetonten Taktteil. Dadurch entsteht eine belebende Abweichung von der Norm und ein Energiestau, der antriebsfördernd und verhaltensauslösend wirkt.

Berühmtes Beispiel: Der Schlusschor aus Beethovens Neunter Symphonie „Freude schöner Götterfunken“ (Ode an die Freude). Bei der Wiederholung dieser eingängigen Melodie, die unter dem Titel „Song of Joy“ sogar als Schlager weltweit bekannt wurde, zieht Beethoven den Beginn der ersten Melodiezeile auf die vierte, unbetonte Zählzeit vor. Dadurch entsteht eine ungewöhnlich anregende, heitere Wirkung.

## Swing schafft Schwung

Um gesund zu bleiben, braucht der Mensch Spannung ebenso wie Entspannung. Und zwar ist die Verbindung wichtig – von Antriebsförderung mit gleichzeitiger Beruhigung.

Ein Beispiel: Der klassische Jazz, der den Körper unmittelbar anspricht.

Aber auch der Swing hat diese Merkmale. Denn er besteht aus der Überlagerung mehrerer Schwingungsvorgänge in unserem rhythmischen Körpergefühl: Der Hörende und der Musizierende vollzieht in seinem Körpergefühl nicht nur den regulären, motorisch pulsierenden Grundschlag (das Metrum), sondern zugleich die Unterteilung dieses Metrums in halbe rhythmische Werte, und als dritte Schwingungsebene die vierfache Unterteilung des Metrums.

Das mag sich hoch wissenschaftlich anhören, belegt aber die Tatsache, dass Swing zu einer ungewöhnlichen Lockerheit der Körperbewegungen führt. Sie erhalten dadurch einen entkrampfenden, befreienden Charakter. Die Stimmung hellt sich auf. Ängste lösen sich. Der Lebensmut wächst.

---

*Wer swingt, bleibt jung und gesund.*

---

## Musik entspannt

Unser Leben wird vielfach durch Anspannung, Hektik und Stress geprägt. Da sind Entspannung, Muße und Meditation lebensnotwendig.

Die entspannende, meditative Wirkung von Musik beruht auf bestimmten rhythmischen, melodischen, harmonischen, klanglichen und formalen Strukturen, die in der Folklore und im Jazz genauso vorkommen wie in der „klassischen" Musik – von der Gregorianik über Barock bis hin zur Romantik und Gegenwart (Elektronik und Minimal Music). Zu den Grundsätzen der „Repetitiven Meditation" (RMT) nach Gerd Schnack, die in diesem Buch ausführlich behandelt wurde, gehören im musikalischen Bereich

- die häufige Wiederholung beruhigender rhythmischer Strukturen,
- der „schweifende Bordun" (Hin- und Herpendeln zwischen Quinte und Sexte über liegendem Bass-Ton),
- die kreisende Melodik (oft aus nur fünf Tönen bestehend), zum Beispiel in den Spirituals „Swing low" und „Nobody knows",
- die schwebende, flächige Harmonik,
- weiche Klänge (Streicher, Holzbläser, Keyboard, Gong etc.),
- Formen der Wiederkehr (Refrain).

## Wer Musik liebt, hat mehr vom Leben

Wer aktiv Musik hört, singt oder musiziert, hat mehr vom Leben und bleibt gesund. Denn Musik vermittelt Eigenschaften und Fähigkeiten, die ein sinnerfülltes Leben ermöglichen. Aktives Zuhören und Eingehen auf andere Menschen, geübt beim gemeinsamen Singen und Musizieren, fördern die allgemeine Wahrnehmungs- und Erlebnisfähigkeit, aber auch soziale Sensibilität und Kreativität.

Das Instrumentalspiel, zum Beispiel auf dem Klavier, ist wie ein Gehirn-Jogging. Es erhält und trainiert nicht nur die motorische Beweglichkeit der Finger, sondern auch unsere geistige Beweglichkeit, unseren Einfallsreichtum, das Gedächtnis, Konzentrations- und Kombinationsvermögen, unsere Kommunikationsfähigkeit, unser Ausdrucks- und Vermittlungsvermögen, aktives Zuhören und einfühlsames Wahrnehmen.

## Musik tröstet und heilt

Vor allem vermittelt das Musikhören und Musizieren Zuversicht und Vertrauen, hilft Angst und das Gefühl der Ausweglosigkeit und Unvollkommenheit zu überwinden.
Musik überschreitet die körperlichen Grenzen, die uns zum Beispiel durch Behinderungen, Krankheiten oder äußere Bedingungen gesetzt sind. Sie hilft uns, unveränderliche Einengungen, Begrenzungen und Handicaps hinzunehmen und nicht mit dem Schicksal zu hadern, zu klagen und unglücklich zu sein, sondern innerhalb der Möglichkeiten

uns heil und ganz zu fühlen, uns optimal zu entfalten, zuversichtlich und fröhlich unser Leben zu gestalten.

Denn Musik gibt der Seele Flügel. Sie ist Traum und Wirklichkeit zugleich, macht Übersinnliches sinnlich erfahrbar und öffnet ein Fenster zum verlorenen Paradies.

Musik kann positive Botschaften vermitteln. Zum Beispiel die des Glaubens. Darum habe ich viele geistliche Kanons komponiert. Das gemeinsame Singen der kurzen, eingängigen Melodien senkt das tröstende, heilende Bibelwort ganzheitlich in unser Herz und lässt es in uns weiter schwingen.

So tragen Musik und Wort zur geistig-seelisch-körperlichen Gesunderhaltung bei.

# Das Wellness-Geheimnis

*Ausdauertraining und repetitives Meditationstraining (Meditation & More) zusammen sind die beste Vorbeugung für das gesamte Herz-Kreislauf-System und die höchste Stufe einer natürlichen Sauerstoff-Therapie. Sie sind das Wellness-Geheimnis mit stärkster Wirkung auf Herz, Gehirn und den ganzen Organismus. Und zwar weil die Sauerstoffleitungen (Arterien) auf diese Weise bis ins hohe Alter elastisch gehalten werden können. Alter, Leistung, Gesundheit und Jugend werden im Wesentlichen von der Elastizität der Arterien festgelegt.*

Meditation & More kann man als den modernen, zeitgemäßen Jungbrunnen beschreiben. Meditation & More ist die wirkliche Superprävention durch die Kombination von Bewegung, Meditation, Musik und Freude. Die neuesten wissenschaftlichen Forschungen belegen: Die Kombination bringt entschieden mehr Energie und Wohlgefühl und damit sind Sie dem Ziel 20 Jahre und mehr jünger bleiben, viel näher. Die ausgewählten Musikstücke auf der beiliegenden CD, das Arrangement und die musikalische Umsetzung sind nicht nur eine musikalische Meisterleistung, die in zwei musikalische Welten führt und dabei viel Musikvergnügen vermittelt, nein, sie sind auch durch die medizinische Auswahl und die Tempi Medizin für Sie. Die täglichen Anwendungen, das Swingen auf einem Mini-Trampolin, beim Joggen (mit Walkman), beim Tanzen oder das Meditieren in Ihrer Lieblingsecke werden dadurch zu einem fröhlichen, besinnlichen „Total-Vital-Teil" in Ihrem Tagesablauf.

### Stress ist die Seuche des 21. Jahrhunderts

- Stress wirkt ganzkörperlich. Vermeide Negativstress wie Lärm, Zeitnot, Mobbing, Perfektionismus, übersteigerten Egoismus, Machtstreben usw.
- Protestiere nicht gegen Stress, den Du nicht verhindern kannst, akzeptiere ihn, schalte aber dann alle Register auf Überwindung.

# Die Autoren

*Prof. Dr. Gerd Schnack*

Facharzt für Chirurgie, Unfallchirurgie und Sportmedizin. Präsident der Deutschen Gesellschaft für Präventivmedizin. Autor vieler Fachbücher: Sport-, Musik- & Präventivmedizin. Chirurgische Facharztausbildung in der Schweiz mit der Spezialisierung Knochen- und Gelenkchirurgie.

*Dr. Kirsten Schnack*

Ärztin: Schwerpunkt Ernährungsmedizin. Ltg. Allensbacher Präventionszentrum mit den Arbeitsebenen Präventiv-, Musik-, Sport- und Ernährungsmedizin. Berufsorientierte Seminartätigkeit im In- und Ausland. Geschäftsführerin Deutsche Gesellschaft für Präventivmedizin e.V., Hamburg.

*Prof. Dr. Dr. Hermann Rauhe*

Präsident der Hochschule für Musik und Theater. Em. Professor an der Universität Hamburg. Gründungsvorsitzender des Arbeitskreises musikpädagogischer Forschung (AMPF). Präsident New Generation. Experte für musiktherapeutische Wirkungsforschung.

# Literaturverzeichnis „Jung bleiben kann man lernen“


Anderson, B.: Stretching, Waldeck 1989, Felicitas Hübner

Benson, H.: Heilung durch Glauben, Heineverlag München 1997

Csikszentmihalyi, M.: Flow, Klett-Cotta Stuttgart, 1992

Csikszentmihalyi, M.: Kreativität, Klett-Cotta Stuttgart, 1996

Cooper, K. H.: Bewegungstraining ohne Angst, München/Wien/Zürich 1986, BLV

Gershon, M.: Der kluge Bauch, Goldmann München 2001

Hoffmann, K.: Trance und Tanz, Kösel München 1993

Hollmann, W./ Hettinger, Th.: Sportmedizin, Arbeits- und Trainingsgrundlagen, Stuttgart 1990, Schattauer

Israel, S. et al.: Die Trainierbarkeit in späteren Lebensabschnitten, Medizin und Sport 22, 1982, 90 – 93

Luks, A.: Vom Mehrwert des Guten, Herderverlag

Merritt, S.: Die heilende Kraft der klassischen Musik, Kösel München 1998

Penfield, W.: Memory mechanism. Trans. Am. Neurol. ASS. 76 (1951, 15 – 31)

Prokop, L.: Einführung in die Sportmedizin für Ärzte, Sportler u. Übungsleiter, Stuttgart 1977

Rauhe, H.: Jung und gesund bleiben durch Musik und Bewegung in Musik-, Tanz- u. Kunsttherapie, Jahrg. 10, Heft 1: Hogrefe Verlag, Göttingen 1999

Rauhe, H.: Musik im Netzwerk von Wissenschaft und Praxis, Schott Mainz 2000

Rauhe, H.: Musik hilft heilen, München 1993, Arcisverlag

Reimann, M.: Entdecke die Musik in Dir, Kösel München 1998

Schnack, G.: Gesundheit und Lebensfreude durch Musik und Bewegung in Musik-, Tanz- u. Kunsttherapie, Jahrg. 10, Heft 1, Hogrefe Verlag, Göttingen 1999

Schnack, G.: Intensivstretching und Ausgleichsgymnastik, Köln 1992, Deutscher Ärzteverlag

Schnack, G.: Gesund und entspannt musizieren, Stuttgart 1994, Fischer

Schnack, G.: Fit in 7 x 7 Sekunden, Kösel, München, 2000

Schnack, G.: Topfit durch Nichtstun, Kösel, München, 2001

Schnack, G.: Formel-1 des Gehens, Falkenverl. Niedernhausen, 2001

Sölweborn, S./A.: Das Buch vom Stretching, München 1982, Mosaikverlag

Tittel, K.: Beschreibende und funktionelle Anatomie des Menschen, Stuttgart/New York 1990, Fischer

Tomatis, A.: Klangwelt Mutterleib, Kösel München, 1994

Tomatis, A.: Der Klang des Lebens, Rowohlt Reinbek 1987

Verny, T. u. Kelly, J.: Das Seelenleben des Ungeborenen, Rogner u. Bernhard Hamburg 1990

Wagner, Chr.: Disziplin und Ekstase – terry riley od. minimal music als Gegenkultur, Neue Zeitschrift für Musik, Nr. 5, Schott Mainz 2000

Weineck, J.: Sportanatomie, Erlangen 1988, perimed

Wilson, P. N.: Der reduktionistische Impuls in Neue Zeitschrift für Musik, Nr. 5, Schott Mainz 2000

Wirhed, R.: Sportanatomie und Bewegungslehre, Stuttgart/New York 1988, Schattauer

# Wenig tun –
# *viel erreichen*

Gerd Schnack
Hermann Rauhe
***Topfit durch Nichtstun***
RMT – die Formel
für optimale Energie
160 Seiten.
Mit Illustrationen
und CD. Kartoniert
ISBN 3-466-34446-8

Erschienen im
Kösel-Verlag, München
und erhältlich über
Ihre Buchhandlung.

KÖSEL

*Einfach lebendig.*
PSYCHOLOGIE & LEBENSHILFE

Ganz mühelos erfolgreich sein, mit Kopf und Herz zur Mitte finden: Im RMT, dem repetitiven Meditationstraining, erleben wir durch die ständige Wiederholung den Gleichklang zwischen Atmen, Denken und Fühlen. Dieses Buch enthält Übungen für zu Hause, unterwegs oder am Arbeitsplatz, mit denen wir in kurzer Zeit tief entspannen können und dabei ungeahnte Energien freisetzen. Die wunderschönen Melodien auf der beiliegenden CD vertiefen das Training und geben ein rundum gutes Lebensgefühl.

Kösel-Verlag München; e-mail: info@koesel.de; www.koesel.de

Richtig gehen lernen

## Formel 1 des Gehens

### Gehen, Laufen, Radeln mit der richtigen Abrolltechnik

Gehen und Laufen sind elementare Tätigkeiten, fast wie Essen und Atmen. Leider läuft heute manches schief. Statt geschmeidig, kraftvoll und „rund“ wie ein Puma auf der Pirsch oder wie ein Rennreifen der Formel 1 gehen wir heute oft stöckelnd, trippelnd und schlurfend durchs Leben. Die Folgen sind bekannt: Muskelverspannung, Haltungsfehler, Überlastungsbeschwerden an Sehnen, Bändern und Gelenken, Rückenschmerzen, Bandscheibenschäden, Arthrose und Immobilität im Alter. Dagegen setzt dieses FALKEN-Buch die Gesundheitsvorsorge durch richtiges Gehen und Laufen. Mit einem illustrierten Programm von Dehn- (Intesivstretching) und Kräftigungsübungen (Antagonistentraining) macht es Sie fit für das schwungvoll-elegante Gehen nach Formel 1. Faszinierend ist die Fülle der unmittelbar alltagstauglichen Übungen in diesem Buch: vom Barfußtraining („Schuhe haben die Füße blind gemacht“) über die Entspannungshocke bis zum „Fitness-Studio Treppenhaus“ – buchstäblich ein „Training im Vorübergehen“.

FALKEN
ISBN 3-8068-2752-4

RMT – Die Formel für optimale Energie

## Topfit durch Nichtstun

Jeder hat es. Jeder kann es. Doch wir sollten es viel öfter nutzen: Das RMT (Repetitives Meditationstraining), bei dem wir nichts tun außer atmen und dem Stress mal Pause gönnen. Mit einem bereits vorgeburtlich erlernten Atemmuster finden wir duch den sich ständig wiederholenden Rhythmus zu absoluter Tiefenentspannung und können dabei ungeahnte Energien freisetzen. Das RMT fördert Kreativität und Denkvermögen, wirkt leistungssteigernd in Beruf und Sport, mindert Flugangst und Schlafstörungen, ist wohltuend für Herz und Kreislauf, erweitert das Hörempfinden und vieles, vieles mehr.

KÖSEL
ISBN 3-466-34446-8

**Intensivstretching und Ausgleichsgymnasitk**
Deutscher Ärzte-Verlag Köln, 1992/1994
VK DM 64,–/EUR 32,72

**Osteoporose Präventionstraining**
Deutscher Ärzte-Verlag Köln, 1990
VK DM 54,–/EUR 27,61

**Am Computer gesund und fit**
Pflaumverlag München, 1996 VK DM 32,–/EUR 16,36

**Endlich gut drauf**
Brendowverlag Moers, 1999 VK DM 19,80/EUR 10,12

**Intensivstretching für Läufer**
Sportinformverlag, München 1994
VK DM 29,80/EUR 15,24

**Gesundheitsstrategien für Musiker,** 2. Auflage
Urban und Fischer Verlag München, 1999
VK DM 44,–/EUR 22,50

**Fit in 7 x 7 Sekunden – Die 7 Hanseaten –**
Köselverlag München, 2000 VK DM 19,90/EUR 10,17

**Topfit durch Nichtstun**
Köselverlag München, 2001 VK DM 28,90/EUR 14,78

PROF. DR. GERD SCHNACK &
PROF. DR. DR. HERMANN RAUHE

Gesund und entspannt musizieren

## Gesundheitsstrategien beim Musizieren

Jeder Musiker, ob beruflich oder als Liebhaber, setzt seinen Körper beim Musizieren einer starken Belastung aus. Die aus der Überbeanspruchung der Muskulatur resultierenden Verspannungen oder gar Spielschäden äußern sich als schmerzhafte Funktionsstörungen in der Muskulatur und den Gelenken.
Die von Prof. Dr. Gerd Schnack entwickelten Gesundheitsstrategien wirken den Funktionsstörungen nachhaltig entgegen:

- Mit der Intensivstretchingmethode dehnen Sie die empfindlich verkürzte statische Muskulatur behutsam,
- Durch Kräftigungsübungen stärken Sie die abgeschwächte dynamische Muskulatur.

URBAN & FISCHER
ISBN 3-497-47010-8

Aktivtherapie bei Fehlbelastungen in Beruf und Sport

## Intensivstretching und Ausgleichsgymnastik

Aufgrund des großen Interesses an der Thematik wurde bereits innerhalb kurzer Zeit eine Neuauflage notwendig. Das Buch umschreibt umfassend aktive Therapieformen (Intensivstretching und Ausgleichsgymnastik) zur Behebung muskulärer Dysbalancen und zum Ausgleich sekundärer Positionsverlagerungen von Gelenken als Vorstufe der Degeneration des Stütz- und Bewegungsapparates. Es wird detailliert eingegangen auf den wichtigen Längenausgleich der durch stereotype Bewegungsabläufe bei Arbeit und Sport verkürzten Leistungsmuskulatur. Gelingt es frühzeitig, dem Patienten diese vorbeugenden Maßnahmen zu vermitteln, können passive Behandlungsformen meist erheblich reduziert werden.

DEUTSCHER ÄRZTE-VERLAG
ISBN 3-7691-0303-3

**Formel 1 des Gehens**
Falkenverlag Niedernhausen VK DM 24,90/EUR 12,73

**Die Kunst zu entspannen** (Video)
Neuseeland TV Hamburg, 1997
VK DM 49,80/EUR 25,46

**Dehnen und Entspannen mit Musik** (MC)
Abakus Verlag, 1995
VK DM 22,–/EUR 11,25 (MC) · VK DM 25,–/EUR 12,78 (CD)

**20 Jahre und mehr 50 bleiben** (MC)
Karussell Musik & Video Hamburg, 1997
VK DM 20,–/EUR 10,23

**Musik im Netzwerk von Wissenschaft und Praxis**
Rauhe · Schottverlag, Mainz, 2000
VK DM 50,75/EUR 25,95

**Lob des Lebens: vom Sinn der reifen Jahre**
Rauhe, Adolphsen · Kreuz-Verlag, 1999
VK DM 34,–/EUR 17,90

**Exakt bewegen –
7 Schritte in einen schmerzfreien Alltag**
Videofilm und Folder **kostenlos** bestellen
unter **Telefon 0 800/673 67 36 73**

**Das Mini-Trampolin „TOTAL VITAL Trimilin"**

von Prof. Dr. Gerd Schnack getestet und
von Präventivmedizin Wellness World GmbH empfohlen
wird bei allen Veranstaltungen,
Seminaren und Fernsehpräsentationen eingesetzt.

IHRE BESTELLUNGEN RICHTEN SIE BITTE AN:

HEYMANS-SPORT & THERAPIE
Dünzelbach 57 · D-82272 Dünzelbach · Fax 08146/99 68 50
(Code für die Clubausgabe: Total Vital Club)

**Individualcoaching**

speziell zum Thema „Meditations- und Ausdauertraining als Superprävention im Herz-Kreislaufsektor" am Bodensee

Allensbacher Präventionszentrum: Prof. Dr. Gerd Schnack
Hirschweg 15 · D-78476 Allensbach/Bodensee
Telefon 07533/93 52 22 · Fax 07533/93 52 23

**Informationen zu Veranstaltungen, Seminaren, Schnupperabenden, „Jung bleiben kann man lernen"**

Präventivmedizin Wellness World GmbH
Holsteiner Chaussee 435 · D-25474 Ellerbek · Fax 040/559 59 58

**Weitere Informationen zu diesem Buch**

und unser gesamtes, lieferbares Programm finden Sie unter
www.koesel.de · Kösel-Verlag München

**Fotos & Zeichnungen**

MEV – Umschlag: 1, 3, 4 – Seiten: 1, 4, 6, 7, 10, 14, 16, 20, 27, 32, 40, 42, 44, 45, 53, 55, 56, 58, 59, 60, 61, 64, 67, 68, 71, 73, 74, 78, 79, 82, 92, 97.

Archiv Prof. Dr. Gerd Schnack – Seiten: 15, 19, 20, 27, 28, 40, 50, 57, 58.

Falken-Verlag – Seiten: 39, 49.

Nicolas Maak – Seiten: 7, 13, 15, 17, 19, 22, 23, 24, 25, 26, 27, 29, 30, 31, 34, 35, 36, 37, 38, 39, 41, 43, 44, 49, 50, 63, 68, 75, 76, 99.